道元

日本人の
こころの言葉

大谷哲夫 著

創元社

はじめに

「肝に銘じ、魂に命ず」

道元（一二〇〇―一二五三）の言葉には、そのように、人の心を強くとらえて離さない確たるものがあります。

では、なぜ、道元の言葉が、人々を魅了するのでしょうか。

それは、道元が、当時の日本仏教がかかえていた一つの疑問の解決のために、中国に渡り、求めてやまなかった正師《しょうし》に巡り合い、自分自身を徹底して「仏のいえ」に投げ入れ、大悟《だいご》つまり身心脱落《しんじんだつらく》したからにほかなりません。

道元は、日本から中国へと長き尋師訪道《じんしほうどう》の旅を続けた末に、中国浙江省《せっこうしょう》の天童山において、長翁如浄《ちょうおうにょじょう》（一一六三―一二二八）に巡り合います。そして、如浄が完璧に保持していた、釈尊以後、インド二十八代、達磨大師以後、中国二十三代にわたって受けつがれ如浄に至った正伝の仏法を確実に受けついだのです。道元は、如浄に伝わった正伝の仏法を、如浄のもとで徹底して参学し、一器《いっき》の水を一器にうつすように、一滴も余すことなく、全くの増減もなく、自身の皮膚の毛穴から染み込ませ、肉にそして骨に、さらに髄に浸透させ、全身の血の流れとし、それを真実の言葉としてほとばしらせているからなのです。

道元は、日本において悟りの概念が明確でなかった時代に、『正法眼蔵《しょうぼうげんぞう》』各巻の示《じ》衆《しゅ》（説法）を通じて当時の和語と漢文を駆使して表現し、仏法の何たるかを教示しました。その際の日本語表現は、道元が、「仏祖の心に同ずるを詮《せん》（最高のこと）」と認識し、「文筆詩歌等、詮《せん》なきこと」と自覚し、仏法を表現する言語の難しさを実感したとき、人智の及ばない仏法を表現する言葉の力を最高度に発揮する緊密で凝縮されたものとなっているのです。

さらに、道元は、「上堂《じょうどう》」という正式な説法の場においても、その仏法の何たるかを集約し実践したのです。この上堂というのは、禅林の住職が法堂《はっとう》の法座の上から修行僧たちに法を説く禅林特有の正式な説法形式です。歴代の多くの禅者の「語録」はこの上堂語を収録しています。

道元の場合は、『永平広録《えいへいこうろく》』全十巻中の七巻に、その生涯にわたる五百三十一回の上堂が漢文で記録されていますが、道元の後半生、示寂の前年に至るまでの上堂回数は実に四百五回にも及ぶのです。

その各上堂語は、彫琢された全く無駄のない言葉、そして詩的ですらある美しい言葉から構成されています。そのため、上堂語は、道元が今、あたかも私たちの目の前に現れ、法座から私たちに直に説法しているかのような臨場感をともない、仏法に対する熱い息吹となり、時には鋭い語気となって私たちに迫ってきます。

また道元の「偈頌《げじゅ》」（仏徳などをたたえる漢詩）は簡潔な言句が多く、道元の詩才が遺憾なく発揮されています。

道元の行実《ぎょうじつ》は、同時代の仏教者の行動の範疇とは異なり、とくに永平寺における「山居《さんご》」（人里離れた静寂なる山林の修行道場での生活）において如実に展開されます。国家権力に迎合せず、自己を徹底的に律し、山居のなかでの「只管打坐《しかんたざ》」（ただひたすら坐禅すること）の生涯を通して、真摯に慈悲あふれる説法をしながら、正伝の仏法を具現化し続けたのです。その凛乎《りんこ》として清冽な風姿は、時代を超越した偉大な宗教家たる道元の、秘めたる精神を飾る景色として、孤高の美を醸し出しています。

道元の仏法は、七百五十有余年という歳月、ただ単に禅修行者だけではなく、万人の心に絶えることなく生きてきました。それは、道元の正伝の仏法を伝える言葉の数々が、「自未得度先度他《じみとくどせんどた》」（自分より先に他人を安心の世界へ渡す）を誓願とする徹底した衆生済度《しゅじょうさいど》の精神に基づいているからです。本書にとり上げたのは、道元の膨大な言葉のうちのごく一部に過ぎませんが、すべてにその精神がみなぎっています。

鎌倉時代の閉塞感が武家政治や新仏教を生んだように、その時代の禅者道元のゆるぎない生き方は、同じく混沌とした現代に生きるわれわれに、安易でその場しのぎ的な単なる「癒し」ではなく、真実の「魂のやすらぎ」、「魂の安心《あんじん》」を与え、確たる新たな生き方を示しているのです。

本文の校正には、雲揚寺住職竹村宗倫師に深く関わっていただきました。師の本書に対する真摯で熱意溢れる態度に感服し、ここに記して深謝申し上げる次第です。

日本人のこころの言葉

道　元

目次

言葉編

Ⅰ　生　死

目次

Ⅲ　悟り

Ⅳ　愛語

生涯編

装　丁　上野かおる
編集協力　株式会社唐草書房

言葉編

＊旧漢字・旧かなづかいの原文は、引用にあたって、新字体、現代かなづかいを原則としました。また、読みやすくするために難解な漢字や、現在一般につかわれていない漢字はひらがなにするなどの調整をしています。（なお、禅師号などの称号は一切省かせていただきました。）

I

生死

❶ 仏法の真実をどう極めるか

三歳の孩児《がいじ》は仏法をいうべからずとおもい、三歳の孩児《がいじ》のいわんことは容易ならんとおもうは至愚《しぐ》なり。そのゆえは、生《しょう》をあきらめ死をあきらむるは、仏家《ぶっけ》一大事の因縁《いんねん》なり。

【現代語訳】　三歳の幼児は、仏法の真実を語ることはできないと思い、三歳の幼児の言うことは幼稚で簡単なことだと思うのは極めて愚かなことです。それは、生まれた時から死を背負っていく人生のなかで、人間の真実のすがたを解明することこそが、仏教徒の一番重要なことだからなのです。

（『正法眼蔵《しょうぼうげんぞう》』「諸悪莫作《しょあくまくさ》」巻）

この言葉の前には、次のようなことが語られています。

唐代の詩人、白楽天《はくらくてん》の詩才は誰しも認めるところで、詩仙とさえいわれます。

ところで、彼は、中国禅の馬祖道一《ばそどういつ》（七〇九―七八八）の後継者道林仏光《どうりんぶっこう》の俗弟子でもありました。

ある時、白楽天が、「仏法の大意とはどのようなものですか」と仏光に質問すると、仏光が答えました。

「悪いことをせず（諸悪莫作《しょあくまくさ》）、善いことを行う（衆善奉行《しゅぜんぶぎょう》）ことです」

すると白楽天は、「もし、そのようなことであるならば、そんなことは三歳の子どもだって言えることじゃありませんか」と言ったのです。

仏光は、答えました。

「三歳の子どもが言えたとしても、八十歳の老人でも行うことはできないのです」

すると、白楽天は、礼拝《らいはい》してその場を立ち去ったのです。

そのような前言の後での道元の言葉です。道元は、釈尊をはじめ過去の七人の仏が共通して説かれたものとして知られる『七仏通戒偈《しちぶつつうかいげ》』（「諸悪莫作《しょあくまくさ》〈悪いことをしない〉、衆善奉行《しゅぜんぶぎょう》〈善いことを行う〉、自浄其意《じじょうごい》〈このようにして心をきよめる〉、是諸仏教《ぜしょぶっきょう》〈これこそが仏の教えである〉〉を解説し、つまるところ仏教の真髄は「悪いことをしない、もろもろの善いことをする」に尽きるとしています。

白楽天は、戦国時代の白《はく》将軍の末裔であり、希代の詩文の天才、天性の文人・詩仙といわれ、またその徳は文殊や観音に等しいと称され、まさに文筆界の雄であることは事実です。しかし、彼は、仏法については全くの初心者で、釈尊の真の教えに達していないので、三歳の幼児が仏法を説く真のすがたを知らず、先の問答となったのです。三歳の幼児の真のすがたを知っているものは、過去・現在・未来の諸仏を知ります。まだ三世の諸仏を知らないものが、三歳の幼児を知るはずがありません。人はその人に会ったからといって、その人を知ったことにはならず、その反対に、その人に会わなければその人を知ったことにはならない、ということはないのです。

一塵《いちじん》を知るものは全世界を知り、一事に通ずるものは万事に通じます。万事に通じないものが、一事に通じようがありません。この道理を学んだときに、真のあらゆる存在を判然と理解できるのです。

いにしえの諸仏は、「生まれたその時に釈尊と同じ真実を説いている」、「人は、生まれると同時に死を背負って生きる。その日常の生活そのもの、あるがままのすがたこそが、人間の真のすがたである」と言っていますが、そのことを明らかにすることは容易なことではありません。たやすいわけはないのです。それゆえにこそ、三歳の幼児の言動が真実を語ることを明らかにすることも大事なこととなります。

ところが、白楽天は、もともと、三歳の幼児の言動は、三世の諸仏たちの言動と同じではないから、その言動を幼稚なものとして、愚かにも三歳の幼児が仏法の真実を語っていることを無視してしまったのです。それゆえに、仏光の声は雷鳴のように明白に鳴り響いているにもかかわらず、「三歳の幼児でも言うことができる」などというのは、三歳の幼児でさえ、仏法の真実を説きうることをも無視し、さらに仏光の真実の説法、「三歳の幼児が言い得ても、八十歳の老人でも実行できない」という言葉の真意にさえも気づかずに、肝腎かなめなところを通り過ぎてしまったのです。

三歳の幼児も、仏法の真実を説くし、経験豊かな八十歳の老人でさえ実行し得ない事実がある現実を、われわれがしっかりと見極めることが大切なのです。

❷ 生死《しょうじ》にとらわれてはならない

ただわが身《み》をも、心をも、はなちわすれて、仏《ほとけ》のいえになげいれて、仏《ほとけ》のかたよりおこなわれて、これにしたがいもてゆくとき、ちからをもいれず、こころをもついやさずして、生死《しょうじ》をはなれ、仏《ほとけ》となる。

【現代語訳】 ただ、自分の身も心も、すっかり忘れ放ち、すべてを仏の家に投げ入れて、仏の側からはたらきかけてもらい、それに従っていくとき、はじめて力も入れず、心も費やすことなく、いつしか生死をもはなれ、仏となっているのです。

（『正法眼蔵《しょうぼうげんぞう》』「生死《しょうじ》」巻）

この一節は、『正法眼蔵』「生死」巻にみられます。この文章は、難しい仏教用語も使われておらず、現代語訳を必要としないほどに極めて平易であることから、その内容もわかりやすいような気がします。しかし、果たしてそうでしょうか。

この「生死」巻は、『正法眼蔵』のほとんどを筆写・整理した孤雲懐弉《こうんえじょう》（一一九八―一二八〇）が編纂した「七十五巻本」には収録されていません。懐弉は、道元が興聖寺時代に門人に示した教えを『正法眼蔵随聞記《しょうぼうげんぞうずいもんき》』として筆録するとともに、自身が死ぬまで、朝晩の仏飯《ぶっぱん》を生ける道元に献げるように随侍し、永平寺第二代となった人です。また、応永年間に梵清《ぼんせい》が編集した「八十四巻本」にも収録されていないのです。

この巻は、江戸時代になって永平寺の法蔵から発見されました。そのため、「生死」巻が発見された当時、その真偽を疑う者もいましたが、間違いなくこの巻は永平寺の法蔵から出たものでした。説時・説処や筆写の年号などは記されていませんでしたが、その文意に真偽を疑う余地はありません。

また、この巻は一読すると、非常に平易な文章であるところから、官吏などの俗人を対象として示されたものではないかとも思われます。

しかし、当時の註釈書には、「その内容にいたるや、仏教の専門家においても容易に理解しうるものではなく、ましてや、仏教の素人にはなおさらであろう」と記されています。筆者も、註釈のいうとおり、平易な文章で説かれているからといって、その内容が平易であるとはいえないのではないかと思います。

極めて短く平易な文章で示衆《じしゅ》（説法）された「生死」巻は、『正法眼蔵』の中にあっても極めて短い一編です。表題は「生死」であってもその内容は、あくまで「仏」であって、「生死のなかに仏がある」、「生を明らかにし、死を明らかにするのが、仏教徒にとって一番大事なこと」とする道元の仏法が、つまり、生まれると同時に死を背負って生き続ける人々が、生死にこだわり、それを超越するとか克服するとか思わず、そのあるがままを受け入れるとする仏法が、あくまで平易な文章の中に重厚に展開されているのです。その重厚に展開される内容というのは、「現成公案《げんじょうこうあん》」巻に匹敵し、それは、以後、道元が、『正法眼蔵』の各巻、そして『永平広録《えいへいこうろく》』の上堂《じょうどう》（説法）などに示す正伝の仏法の根幹をなすものと言って過言ではありません。

ですから、「身をも、心をも、はなちわすれて」という一語には、人間の身心にまとわりつく自己中心的な欲望をすべて投げ捨てることをも示唆します。

「仏のいえになげいれる」とは、ただ単に、寺に入ることを意味しません。「仏のいえ」とは、道元が、日本で最初にした上堂語（158〜161頁参照）に述べるように、草々にも真実の仏をみ、木々にも真実の仏心を知ることのできる叢林《そうりん》であり、禅牀《ぜんしょう》を打つ音、太鼓の音、そのような音声《おんじょう》のなかにさえも釈尊の微妙《みみょう》な真実のみ教えが伝え説かれていることを体認しうる修行道場なのです。そこには、正伝の仏法を伝える正師がおり、そこにすべてを投げ入れるのです。そして、道元は言うのです。

「仏となる非常に易しい道があります。いかなる悪もせず、生死に執着《しゅうじゃく》せず、生きとし生けるものを深くあわれみ、上を敬い、下をあわれみ、なにごとも嫌わず、願わず、心に思うことも、憂うることもない、それを仏と名づけるのです。それ以外に仏はないのです」と。

まさに、平易な文章ではあるのですが、「三歳の幼児が言い得ても、八十歳の老人でも実行できない」（17頁参照）のが現実です。仏道は、世間の常識のみで知るだけでは意味をなさず、それを行《ぎょう》じなければ真の仏道ではないのです。

❸ 百歳生きる意味を問う

いたずらに百歳いけらんは、うらむべき日月《じつげつ》なり、かなしむべき形骸《けいがい》なり。たとい百歳の日月《じつげつ》は、声色《しょうしき》の奴婢《ぬひ》と馳走《ちそう》すとも、そのなか一日の行持《ぎょうじ》を行取《ぎょうしゅ》せば、一生の百歳を行取するのみにあらず、百歳の他生《たしょう》をも度取《どしゅ》すべきなり。

【現代語訳】 ただむやみに百歳生き続けることは、悔やんでも悔やみきれない日月を重ねたのみであり、生に執着した人間の悲しむべき形を留めているに過ぎません。ですが、百歳の歳月が、生きるためだけの雑用に振り回されても、そのなかのたとえ一日でも仏道の行持を実践すれば、百歳という長い月日の価値を一日の行持に凝縮して実践するばかりでなく、後生《ごしょう》の百歳の自己をも救うことになるのです。

（『正法眼蔵《しょうぼうげんぞう》』「行持《ぎょうじ》」巻上）

道元は、なぜ、この言葉を発したのでしょうか。この一文は百歳を迎えた長寿者をいたずらに揶揄しているのでは決してありません。この言葉は、数多くの諸仏が伝えたという、「もし、人生きて百歳ならんも、諸仏の機をえせずば、いまだ生くること一日にして、よくこれを決了せんにはしかじ」ということに基づきます。たとえ、一日の命であっても、仏道の真実を会得し仏道の行持(修行を続けること)をつとめる一日は、仏道の行持をつとめずに生きる百歳よりも優れている、と言うのです。

さらに道元は、「この大事な一日は、ひとたび失えば、ふたたび取り返すことはできません。どのような手段を用いようとも、無駄に過ごしてしまった一日を取り返すということは、決してできません」とさえ言います。とてつもなく永い無限の間に、生まれかわり死にかわり生死を繰り返す、そのなかのわずかな一日であっても仏道の行持を実践することが仏道の肝腎かなめであることを道元は示してやまないのです。

では、無駄に月日を過ごさないためには、どうすればよいのでしょうか。

「月日《じつげつ》を身体に閉じこめて漏らさぬようにすればよい。古聖先賢は、月日・光陰を惜しむこと、自分の目玉より大事にしたのです」と言って、道元は自省します。

「歳月という時間の経過は、なぜ私の弁道功夫《べんどうくふう》を盗むのでしょうか。私の大事な一日を盗むだけではありません。長年積んだ功徳さえ盗み台無しにしてしまうのです。歳月と私の間に何の恨みつらみがあるのでしょうか。しかし、歳月という時間の経過を恨んではならないのです。私自身の修行が足りないことを恨むべきなのです。私のなかには、きちんと修行しなければならないと自覚する自分と、修行に専念できない自分とが混在しているので、私は私自身を恨むほかはないのです」と。

この自省の言葉は、仏道に精進する者にとっても、歳月に追われ日常の仕事に振りまわされる人々にとっても、強烈なそして痛烈な自省をうながす言葉です。

ところで、道元四世の法孫であり、日本曹洞宗の隆盛の礎となった瑩山紹瑾《けいざんじょうきん》（一二六八―一三二五）は、「落ちやすきは命葉《いのちば》なり。たとえ、百年の齢《とし》を保つというも、わずかに三万日に過ぎざるなり」と、言っています。

人間の生命は、一年を単位として数えるのが普通です。百年をほぼ三万日と言い換えても、その実相は少しも変わりません。しかし、瑩山は、人間、百年を生きたとしても、日数にしてみればほぼ三万日と、人の生命を日数によって切ってみせたのです。

人の生命を年数ではなく、日数で区切ってみると、一日一日の生命《いのち》が限りなく切迫し、一日たりとも、なおざりにはできない生命の貴さを、刻々と過ぎ行く瞬間にも感じます。瑩山は、道元の法統の継承者であり、それは道元の主張をより鮮明にしたともいえるのです。生命を日数で数えたところに瑩山の真面目《しんめんもく》があるのです。

人は、生まれると同時に死を背負って限りある生命を生きていきます。人は生の隣に死があることを知っていながら、時には自分は永遠に生きられると錯覚する瞬間があります。

洋の東西を問わず、その瞬間は、自分自身が静寂な自然につつまれたとき、たとえば、夜明け前の厳かな時間に自らが大地とともに呼吸しているのを感じるとき、あるいは、木々の葉が風にかすかに揺れる音のなかに自分自身が埋没するかのように感じるときなどに訪れてくるようです。

しかし、だからといって、死が必ず訪れるのは自明です。ですから、この生かされてある一日の生命《いのち》は尊ぶべき仏祖の生命として強く自覚しなければならないのです。

❹ 雲のように、浮き草のように生きてみる

弘通《ぐずう》のこころを放下《ほうげ》せん激揚《げきよう》のときをまつゆえに、しばらく雲遊《うんゆう》萍寄《ひょうき》して、まさに先哲《せんてつ》の風《ふう》をきこえんとす。

【現代語訳】 道元《わたし》は、今、正伝の仏法を広めたいという心持ちをしばらく抑えて、正法《しょうぼう》の説ける時期をまつために、しばらく、たゆたう雲のように、浮き草のようにして、先哲の風にならおうと思うのです。

（『正法眼蔵《しょうぼうげんぞう》』「弁道話《べんどうわ》」巻）

この一節は、道元が、宋から帰国し、しばらく京都の建仁寺《けんにんじ》に留まり、さらに深草《ふかくさ》の安養院《あんようりん》にあって、『正法眼蔵』「弁道話」巻を書いたその中にみられます。長翁如浄《ちょうおうにょじょう》のもとで、坐禅弁道に励み、大悟了畢《だいごりょうひつ》した（完全に悟りを得た）正伝の仏法をどのように日本に広めるかを念頭に置きながらも、空にたゆたう雲のように行き場なく、浮き草のように寄る岸辺もない生活のなかで、まさに正伝の仏法が隆盛する時を待つ、その心境が吐露されているものです。

道元は、自分自身の求道《ぐどう》の旅路を「弁道話」巻の中で次のように述懐しています。

「私は、発心《ほっしん》して仏道を極めようと、国内の指導者を訪ね歩きました。建仁寺の明全和尚《みょうぜんおしょう》に九年師事し、その間、いささか臨済の家風を学びました。明全和尚は、栄西《えいさい》の高弟としてただひとり無上の仏法を正伝し、匹敵する僧はいませんでした。

私は、さらに、入宋《にっそう》し（一二二三年）、中国禅の指導者を歴訪し、法眼《ほうげん》・潙仰《いぎょう》・雲門《うんもん》・臨済《りんざい》・曹洞《そうとう》の五門の家風を学びました。そして、天童山の如浄に参じて一生参学の大事を極めたのです。嘉禄三年（一二二七）帰国しました。が、心にかかるのは、正伝の仏法を広め衆生《しゅじょう》（人々）を救済することでした。それは重荷を肩に背負っているようでした」と。

そして、表題に取り上げた言葉を述べ、さらに次のように続けます。

「ただ、そうは思っても、名誉や利欲にとらわれず、もっぱら仏道を求める真実の参学者がいたらどうでしょうか。彼らは、いたずらに邪師にまどわされ、正しい理解が妨げられ、むなしく独りよがりとなり、ながく迷いの世界をさまようことになるでしょう。それでは、いったい、何によって仏法の真実に至る正しい智慧の種を育て、いつ、得道《とくどう》することができるのでしょうか。私は、今、まさに雲遊萍寄《うんゆうひょうき》の状態です。では一体、真実の参学者は、どこの山、どこの川で、雲を、浮き草を尋ねたらよいのでしょうか。それを、あわれに思うので、私が目の当たりに見聞《けんもん》した大宋国の禅林の風規《ふうき》や諸師から受けついだ仏法の主旨を記し集めて、参学者に残して、仏道修行の正しい法を知らせようと思うのです」

そのように、感慨を述懐して書き上げ、坐禅によって仏道をわきまえることが唯一の仏法の正門であることを強調し、十八種類の問答によって正伝の仏法を説明したのが「弁道話」巻です。この「弁道話」巻こそは、道元の正伝の仏法の総序ともいえるものであったのです。

何の寄る辺もない、まさに空に浮く雲のごとく、水に漂う浮き草のような生活のなかで、道元の思いはいかばかりであったのでしょう。

正伝の仏法に基づく衆生救済への思いと、このような生活を送っているうちに、真の求道者は、邪師にまどわされ、伝えるべき正しい種が絶えてしまうのではないかという焦りが、強く道元をとらえていたのではないでしょうか。

道元の時代の日本の仏教は、末法思想がはびこり、物の怪が支配するなかで、加持祈禱にたより、教説のみにとらわれていたので、仏法の真実の会得からはほど遠い状況にあったと言っても過言ではないのです。したがって、衆生の魂の救済という面においては、日本の諸大師は瓦礫《がれき》にも等しく、もし、その現状を放置すれば、自分が得てきた正伝の仏法も失われかねない、という焦慮感など様々な思いが交錯するなかで表現されたのが、「激揚《げきよう》のときをまつ」という言葉なのです。

道元の仏法は、この雲遊萍寄の時代を経て、まさに激揚の時期を迎え、縦横無尽に展開されていくのです。

❺ 生《しょう》は生、死は死である

たき木、はいとなる、さらにかへりてたき木となるべきにあらず。しかあるを、灰はのち、薪《たきぎ》はさきと見取《けんしゅ》すべからず。しるべし、薪は薪の法位《ほうい》に住して、さきあり、のちあり。前後ありといへども、前後際断《ぜんごさいだん》せり。

【現代語訳】 薪《たきぎ》は燃えて灰になりますが、その灰がもとの薪になるわけはありません。ですから、灰は後で薪が先ときめてみてはなりません。薪は、薪としてのはたらきを備えた真実のあらわれとして今ここにある、ということを知らねばなりません。「今ここ」の連続としての前もあり後もあります。しかし、断絶しながらも連続して前もあり後もあるのです。

（『正法眼蔵《しょうぼうげんぞう》』「現成公案《げんじょうこうあん》」巻）

この言葉は、一般常識の「薪は燃えて灰になる」という通念を打ち破ります。

この一節が見られるのは、『正法眼蔵』の最初に位置づけられる「現成公案」巻です。『正法眼蔵』の「弁道話」巻を、道元の正伝の仏法の総序とすれば、以後の道元の『正法眼蔵』の各巻、さらには『永平広録』などにみられる説法は、「現成公案」巻を総論として展開しているともいうことができるのです。

「現成公案」の「現成」というのは、いま現在、私たちの目の前に現れている存在、そのすべてを意味します。道元によれば、その現前する存在のすべてが仏法の真実のすがた（実相）をあらわしているということになります。そして「公案」とは、もともとは「公府《こうふ》の安牘《あんとく》」（官公庁で用いる公文書）の意味で、政府の定める律令が民の生きるべき基準となることを意図しているものですが、仏教者においても、それに従って悟りを得るための定められた問題へと転化して用いられているのです。したがって「現成公案」とは、いま私たちの目の前に、仏法の真実としてあらわれているすべてのあるがままのすがたを、そのままにとらえる、という意味合いがあるのです。「現成」という言葉は、道元の著作のいたるところに散見され、道元仏法のキーワードでもあるのです。ちなみに『正法眼蔵』では約二百五十回も使われているのです。

道元はその現実のありよう（現成）を、とくに仏教でいう生死のとらえかた、不生不滅の問題を、薪と灰の関係で説明しているのです。私たちは、常識的には、樹木が薪になり、それが燃えつきると灰になると思います。が、それは違うと道元は言います。目の前に灰があれば、それは灰でしかない、目の前に薪があれば、それは薪でしかない。灰は灰として、薪は薪として、そのあるがままのすがたをみるのだ、と言うのです。道元は形而上学的な議論をしているのではありません。仏法のものの見方を語っているのです。すなわち、今ここに在るということは、灰は灰として、薪は薪としてなにものにも換えられない絶対的な存在としてあるが、同時に無常の流れのなかにあって一瞬も止まることがない、つまり固定できず実体のないものでもあるということです。「在る」ということと「ない」ということが表と裏になって同時に成立しているのです。時の推移の変化から独立して、「今ここに在る」という「今」は、仏法の現成の瞬間であり、そこには過去・現在・未来もすべて含まれています。

それを道元は、「しるべし、薪は薪の法位に住して、さきあり、のちあり。前後ありといえども、前後際断せり」と表現しているのです。「法位に住する」とは、文字通り、仏法のあらわれとして、いま現在そこに存在することを意味します。薪は先、灰は後として、その推移を考えるのは、人の常識的な考えに過ぎません。真実は、薪が灰となるのではなく、薪は薪として先があり後があり、灰は灰としての存在において先後があるのです。先後があるといっても、その先は先として、後は後としてあるので、その先後は断ち切れているのです。ですから、道元は、仏法でいう不生・不滅も、生死も同様であることを、さらに次のように説き進めています。

「薪が燃えて灰となったのちに、もう一度薪にもどることはありません。同様に、人が死んだのちに再び生き返ることもありません。だからといって、生が死になると言わないのが仏法の定まったならわしです。また、死は生にならないというのも仏法の定まったならわしなのです。すなわち、生は生、死は死で、断絶しながら連続しています。それで仏法では不生・不滅というのです」と。つまり、生も一時のありようであり、死もまた一時のありようなのです。それを、道元は季節の移り変わりにもたとえ、「冬が春、春が夏になるとは誰も言わない」と説くのです。

❻ 生死と煩悩のはざまで

別人《べつじん》の面《おもて》に瞿曇《くどん》の眼《まなこ》を掛け、拳手《けんしゅ》、胸を槌《う》って空しく懊懊《おうおう》たり。叵耐《はたい》たり、天魔《てんま》と生死魔《しょうじま》と。七顛見仏八顛倒《しちてんけんぶつはちてんどう》、と。払子《ほっす》を擲下《てきげ》して下座《げざ》。

【現代語訳】 他人の顔に釈尊の眼をつけて、（つまり真実の仏法の眼を自分のものとしないから、釈尊の涅槃を単なる死としてとらえ、）手で胸を叩いて虚しく悲しむばかりなのです。それは、邪道であり、生死と煩悩の狭間でどうすることもできず右往左往しているようなものです。ですから、もがき苦しんで、せっかく仏にお会いしても、また、仏を探しまわってしまうのです。そのように偈頌《げじゅ》（漢詩）をもって示すと、自分の手に持っていた払子を投げ捨てて、つまり、すべてを放下するという境涯を示して下座《げざ》したのです。

（『永平広録《えいへいこうろく》』巻二）

この言葉は、寛元四年（一二四六）二月十五日の釈尊の涅槃にちなむ上堂語（説法）の結句です。

涅槃会《ねはんえ》は、いうまでもなく、釈尊ご入滅の二月十五日に行われる追悼報恩の法会《ほうえ》です。釈尊ご入滅の月日は実際は不明ですが、パーリ仏教ではヴァイシャーカ月の満月の日とされ、それはインド暦では第二の月であるところから、中国・日本では二月十五日に定めたといわれます。日本では、平安時代の興福寺（山階寺《やましなでら》）の涅槃会が有名で、常楽会《じょうらくえ》とも称され、年中主要法会として知られています。

道元は、この上堂で言います。

「この日、わが本師である釈迦牟尼仏大和尚は、拘尸那城《くしなじょう》の跋提河《ばつだいが》のほとり沙羅林《さらりん》において般涅槃《はつねはん》（入滅）されました。それは、ただ釈尊おひとりのことではないのです。過去・現在・未来、十方のありとあらゆる諸仏が、みな本日の夜半に涅槃の境地に入られたのです。ただ、諸仏のみではなく、西天《さいてん》（インド）二十八代の祖師方、東土《とうど》（中国）の歴代六人の祖師、また、すなわち仏祖たるべき面目をもつ人々、すべてのもの皆が、今日の夜半に涅槃の境涯に入ったのです。この事実については、時間的な前とか後とか、自分とか他人とかの別はないのです。言ってみれば、鍋や釜の脚の折れたものやないもの、柄杓《ひしゃく》の柄の短いものや長いもの、さらに、人間でいってみれば、鼻の低くて平たいもの、また、高くて真っすぐなもの、顔の造作のでこぼこしているもの、拄杖《しゅじょう》は拄杖として、ありとあらゆるものが何の区別もなく、当たり前にどのような在り方でもありのままに存在している。そのことを判然と体認したときこそが、生涯をかけて参究修行すべき最も重大なことを見極めたといえるのである」と。

つまり、ありとあらゆるものが、ありとあらゆる在り方で存在しているすべてのものが、釈尊と同時に涅槃をむかえたことを強調し、涅槃が何故永遠の寿命とされるのかについて、道元は次のように言います。

「ものの存在は本来が不定であるから、当然、今日は在っても、明日にはないということもあり得ます。時間というものも、全く同様であるから、何物にもとらわれずに、この夜半の、般涅槃《はつねはん》の意義をとりあげて、三祇百劫《さんぎひゃくごう》（無限）の修行の時間と名づけ、全身全霊をこめて、これすなわち涅槃を五百塵点《ごひゃくじんてん》（永遠）の寿命と名づけるのです」と。そしてさらに、道元は「そのすべてを知りたいと思うか」と問い、しばらく黙ってから、冒頭の結句を述べ、そして、最後に払子を投げ捨てて下座したのです。

道元は、この上堂において、沙羅林《さらりん》において般涅槃されたのは釈尊おひとりではなく、すべてのもの皆が、時間をそして自他を超越して、今日の夜半に涅槃の境涯に入ったとしたのです。釈尊の涅槃はすべてのもの皆の涅槃であるというのは、釈尊降誕会の上堂にみられる「同時《どうじ》・同生《どうしょう》・同参《どうさん》」と同様、徹底した同一視点なのです。そして、仏法の根本を見極めるというのは、ありとあらゆる存在の、ありとあらゆる存在のしかたを、あるがままにしっかりと体認することなのです。しかし、ものの存在、また時間さえもが不定なものであるのに、そうしたことにとらわれているから、生死と煩悩の狭間でもがき苦しんで真の仏法を見極めることができないのである、と言明したのです。そして、真実の仏法を真に把握することは、すべてを放下することによってできるのだということを、手にしていた払子を投げ捨てるという動作によって示したのです。

涅槃は、もちろん「死」そのものを直接さすものではありません。道元は、涅槃を徹底的に究明することによって、涅槃を無窮の実在、永遠の生命としているのです。

❼ 生かされている世界に徹底する

魚《うお》の水を行くに、ゆけども水のきわなく、鳥《とり》そらをとぶに、とぶといえどもそらのきわなし。しかあれども魚鳥《うおとり》、いまだむかしよりみずそらをはなれず。

【現代語訳】 魚が水のなかを行くとき、いくら泳いでも水ははてしなく、鳥が空を飛ぶとき、いくら飛んでも空に限りはありません。それでも、魚は水を離れず、鳥もいまだかつて空を出たことはありません。

（『正法眼蔵《しょうぼうげんぞう》』「現成公案《げんじょうこうあん》」巻）

この言葉は、『正法眼蔵』「現成公案」巻に見られる、「万法《まんぼう》すすみて自己を修証《しゅしょう》するはさとりなり」、あるいは「自己をわするるというは、万法《まんぼう》に証《しょう》せらるるなり。万法に証せらるるというは、自己の身心《しんじん》および他己《たこ》の身心をして脱落《だつらく》せしむるなり」（56〜59頁参照）の、「万法」のありようの一面を説いたものともいえます。

「万法」とは「諸法」ともいわれ、存在そのもの、存在の法則、それについての教えなど多様な意義をもちますが、道元は、そのあり方について、人に身近な魚と鳥の生きざまにたとえて巧みに説明します。道元は、表題の一節に続けて言います。

「ただ、大きく動くときは大きく、小さい動きのときは小さく使っています。このようにして、魚も鳥もそれぞれ限りない水と空を、その時その場でその動きで使い切っていますが、鳥がもし空から出たらたちまち死に、魚がもし水から出たらたちまち死にます。魚にとって水は命、鳥にとって空は命です。それはまた、空は鳥がいてこそ命があり、水は魚がいてこそ命があるということです。つまり、命は鳥において実現し、命は魚において実現しています。この道理は、さらに展開します。修行と悟りについてもそうです。修行をはなれない悟り、悟りをはなれない修行であり、すべて、このようなあり方で、寿命があり、命というものがあるのです」と。

つまり、万法とは、魚にとっては水であり、鳥にとっては空であるのです。魚や鳥は、水や空にありながら、水や空を究め尽くしている、とすれば、人もまた同様です。人にとっては、人を包み込み、いま現実に直面し、行動している諸法の世界が、すなわち万法であるということにもなります。人は、その世界を、魚や鳥と同様に一瞬たりとも決して離れることはできません。そうであるならば、人は、自分が生かされてある、いま直面している世界に徹底していくほかはありません。その世界こそ万法であり、諸法であり、命であり、われわれはその世界によって証明されていかねばならないということになります。

では、悟りとの関連はどうなのでしょうか。道元は、鮮やかに説明します。

「それをもし、水を究め空を究め尽くしてから後に、水や空を行こうとする魚鳥《うおとり》があるとすれば、水にも空にも、行くべき道も、安住すべき処をも得ることもできません。今の自分のいるところに気がつけば、その場にこそあるがままの悟りが現前し、今の自分の行くべき道を得れば、その仏道を行《ぎょう》ずるところにあるがままの悟りがおのずと現前するのです。なぜならば、悟りの現前する道や処は、大きなものでも小さなものでもなく、自分のものでも他人のものでもなく、前からあるのでも、いま現れようとしているのでもなく、いつどこにおいても実現されるからなのです」と。

つまり、いま自分のいる現実を離れたところに悟りはなく、いま直面する現実の一歩一歩を究め徹していくことこそが万法の世界であり、悟りが現前するための絶対的な境地であり、それこそが万法によって証明されるところであるというのです。

人は常識の智慧にとらわれて、何ごとも論理的に考えたがります。魚と水、鳥と空と区別して考えます。しかし、水と魚、空と鳥とは分けることはできません。魚と水、鳥と空について、道元は「水清くして地に徹し、魚《うお》行きて魚に似たり。空ひろく天に透《とお》り、鳥飛んで鳥のごとし」(『正法眼蔵』「坐禅箴《ざぜんしん》」巻)とも言っています。これは、万法が天地を突き抜け、水を水ならしめ、空を空ならしめている、万法の「命の根源」のはたらきについての厳然たる絶対的な真実を表現しているのです。

「現成公案」巻における、このような万法によって証明される世界の構想は、その後の『正法眼蔵』各巻、『永平広録』などを貫くモチーフとして展開されています。

《道元のキーワード ①》

『正法眼蔵《しょうぼうげんぞう》』（九十五巻）

道元撰述の主著。寛喜三年（一二三一）撰述の「弁道話《べんどうわ》」巻から、建長五年（一二五三）撰述の「八大人覚《はちだいにんがく》」巻まで、およそ九十五巻。六十巻、七十五巻などの編成本もある。その具体的内容は、『正法眼蔵』の総論ともいえる「現成公案《げんじょうこうあん》」巻、存在と時間について論じた「有時《うじ》」巻、縁起の理法に仏性をみる「仏性《ぶっしょう》」巻、山水に仏をみる「山水経《さんすいきょう》」巻などの道元の禅風を標榜するものや、「坐禅儀《ざぜんぎ》」巻や「重雲堂式《じゅううんどうしき》」巻など、坐禅や修行道場のあり方を説いたもの、さらに「本証《ほんしょう》妙《みょう》修《しゅ》」（参禅学道は悟りを得る手段ではなく、本来、人の具えている悟りの上にたった修行）などの道元仏法の根幹が余すところなく展開されている。

『永平広録《えいへいこうろく》』（十巻）

道元の語録。弟子の詮慧《せんね》・懐弉《えじょう》・義演《ぎえん》が編纂し、正しくは『永平道元和尚広録《えいへいどうげんおしょうこうろく》』という。嘉禎二年（一二三六）十月十五日、深草の興聖寺におけるわが国最初の上堂に始まり、興聖寺・大仏寺・永平寺における上堂《じょうどう》（巻一～巻七）、小参《しょうさん》・法語《ほうご》・普勧坐禅儀《ふかんざぜんぎ》（巻八）、頌古《じゅこ》（巻九）、真賛《しんさん》・自賛《じさん》・偈頌《げじゅ》（巻十）で構成され、とくに上堂は、禅林の正式説法で、道元の後半生における正伝の仏法の真髄が説示されている。

『永平広録』には「祖山本《そざんぼん》」（永平寺蔵）と、「卍《まん》山本《ざんぼん》」（江戸期卍山道白開版）がある。類書に、宋の無外義遠が『永平広録』から抜粋した『永平元《えいへいげん》禅師語録《ぜんじごろく》』（『永平略録《えいへいりゃくろく》』）一巻がある。

II

正師・修行

❽ 求法《ぐほう》の精神

永平《えいへい》、今、仏法《ぶっぽう》のため、師《し》を敬《うやま》うがために、雪に立ち臂《ひじ》を断《た》つことは、実に難《かた》しとすべからず。ただ、恨《うら》むらくは、未だその師のあらざることを。

【現代語訳】 永平《わたし》も、今、仏法のため、また師を敬うために、雪の中に立ってみずからわが臂を断つことを難事であるとは思いません。が、ただ、残念に思うのは、それに値する師がいないということなのです。

（『永平広録《えいへいこうろく》』巻五）

この言葉は、中国禅宗第二祖となった神光慧可《しんこうえか》（四八七―五九三）の「立雪断臂《りっせつだんぴ》」の故事（慧可は、厳寒の冬の日、少室峰《しょうしつほう》の雪の中に立ち、自分の臂《ひじ》を断ってまで、達磨《だるま》に仏法を求めた）にちなんだ、「断臂会《だんぴえ》」の上堂《じょうどう》（説法）にみられます。

道元は、「永平《わたし》は、昨夜から今朝にかけて、晩冬の雪をみるたびに、はるかに嵩山《すうざん》の少室峰における慧可大師《えかだいし》の真実の求法《ぐほう》の誠心のことを思い、感慨で胸がつまり、悲涙が襟を濡らすのをとどめえないのです」と述懐し、表題の言葉に連なるのです。

道元は、慧可が歳もおしつまった十二月九日夜、深山高峰で、竹の節すらもはじける厳寒の時候における、壮絶なまでの求法《ぐほう》の行動を、『正法眼蔵』「行持《ぎょうじ》」巻下に活写しています。その最後で、慧可の断臂の経緯を次のように述べます。

「夜明けの遅い厳寒の冬の夜というものは、想像しても肝もつぶれ、身の毛のよだつものです。達磨大師《だるまだいし》も、そのような慧可をあわれに思ったのでしょう。まだ夜の明けぬうちに、『汝は、ずいぶんながい間、雪の中に立っているが、一体何を求めようとしているのか』と、問いかけました。このように聞かれると、慧可はますます涙にくれ、『願わくば、和尚、慈悲をもって、解脱《さとり》の門を開き、われらをお救いください』

と、懇願しました。すると達磨大師は、『諸仏のお説きなされた究極の仏法は、限りなく勤め励み、行《ぎょう》じがたいことをよく行じ、忍びがたいことをよく忍ばなければならない。いたずらに安易な心がけで仏法を求めるなら、決して真実の仏法を得ることはできない。もしそうであるなら、ただ苦しむだけであろう』と諭されました。慧可はその言葉を聞き、いよいよ求法の志を励まし、ひそかに利刀《りとう》をとり出し、みずから左の臂を切断して師の前に置いたのです。これより、慧可は入室《にっしつ》（師から教えを受けること）を許され、随侍《ずいじ》すること八年、あらゆる労苦を重ねたのです」と。

そして、道元はさらに言葉を続けます。「このような慧可大師の労苦は、インドにおいても聞いたことはなく、中国においてはじめて行われたのです。釈尊が拈華《ねんげ》して摩訶迦葉《まかかしょう》が微笑《みしょう》した（釈尊が一本の華をつまんで示したとき、弟子の摩訶迦葉がその意味を理解したため、彼は釈尊から仏法を伝えられたという禅宗における伝説的故事）という仏法の真髄の伝承は、インドの昔に聞いています。が、初祖達磨に『汝、吾が髄《ずい》を得たり（仏法の真実を得た）』と言われたことは、まさにこの二祖慧可大師に学ぶのです。静かに思いめぐらしてみれば、初祖（達磨大師）が、たとえ幾千万人中国に来たとしても、もし二祖大師のこうした優れた求法の行動がなかったならば、参学を尽くして大事を明《あき》らめた人は今日出なかったでしょう。幸い、われわれが今、このようにして正法を見聞《けんもん》することができるのは二祖のお陰げなのです。祖の恩かならず報謝《ほうしゃ》すべし、いそぎ報謝すべし」と。

そして、その報謝のありようを、「日々の生命を等閑《なおざり》にせず、わたくしについやさざらんと行持《ぎょうじ》するなり」と示したのです。

道元は、知識のみで物事を理解する近来の学者のように、達磨大師にまつわる諸々の故事や、慧可大師の断臂の故事などは史実ではない、後代のフィクションであるなどとして簡単に片付けたりはしません。確かに、慧可の断臂については、慧可は賊に遇って臂を断たれたと伝える資料や、慧可断臂求法の話は創作されたものだとする説もあり、史実性に乏しい面があることも事実ではあるのです。しかし道元は、法のための断臂は難事ではないと断言するように、むしろそうした求法の志気《しいき》を、捨身《しゃしん》し断臂しなければ正伝の仏法を正伝の仏法として正確に嗣続《しぞく》（継承）し得ない激しい求道の故事として描き出し、「信」の絶対の世界へと昇華しています。

⑨ 真実の師を得なければならない

正師《しょうし》を得ざれば、学ばざるにしかず

【現代語訳】 正師（仏法を正しく得た明眼《めいげん》の師）に出会わなければ、参学しないほうがよいのです。

（『学道用心集《がくどうようじんしゅう》』）

道元が、正師《しょうし》と尊崇する如浄《にょじょう》（一一六三―一二二八）に巡り合えたのは、南宋暦の宝慶元年（一二二五）五月一日、中国寧波府《ニンポー》（現在の浙江省）の太白山天童景徳寺《たいはくさんてんどうけいとくじ》にも、夏の風が吹き渡り、緑の陰が濃くなり始めたころのことでした。道元が、失意の尋師《じんし》訪道《ほうどう》（諸方に正師を尋ねて仏法を聞くこと）の旅から帰り、期待に胸膨らませ、焼香礼拝して方丈（住職の居室）に入ると、黒衣《こくえ》に木蘭色《もくらんじき》の袈裟をつけた老僧が端正に曲彔《きょくろく》（僧が掛ける椅子）に掛けていました。

長翁《ちょうおう》如浄と呼ばれるお方です。方丈は深閑としていました。道元は、瞬時に正伝の仏法を受けつぐ正しい師を見いだし、如浄も同じく道元の非凡な器量を見抜き、「仏仏祖祖《ぶつぶつそそ》の面授《めんじゅ》の法が成ったな」と真に穏やかな声で言いました。面授とは、師と弟子とが直接、相見《あいまみ》え、仏祖正伝の仏法が伝えられることをいいます。

道元を目の当たりにした如浄は、期待に違わない道元の力量を察し、「希代《きだい》、不思議の奇縁……」と大いに満足しました。

如浄と道元は、仏法にともに生かされている自分たちの存在を確認したのです。「仏仏祖祖の面授の法が成った」という言葉に、道元は如浄の期待の大きさを感じ、かつて覚えたこともない心の高揚を感じたのです。

正師を求める道元の長い旅路は、眼前に現れる先輩僧たちの険峻《けんしゅん》を、次々と乗り越えて行かねばならない悲しい旅でもありました。中国各地を歴訪中、親切に法を嗣ぐことを示唆する老師にさえ、道元は「正師にあらず」と思えば、ただ黙って焼香礼拝して辞去するのみでした。が、いま道元の眼前にはすべてを託す正師がおられるのです。道元は求法の激しい志気がさらに全身にみなぎるのを感じました。如浄と道元との面授は、かつて霊鷲山《りょうじゅせん》で、釈尊とその弟子摩訶迦葉《まかかしょう》との間で交わされた「拈華微笑《ねんげみしょう》」（46頁参照）の瞬間と同じでした。

釈尊以来の正伝の仏法が、インドにおいて二十八代、さらに達磨大師によって中国にもたらされ、少室峰《しょうしつほう》において終日壁に向かって端坐すること九年の後、六代を経て、さらにあまたの祖師に引きつがれ、如浄に一滴も余すことなく伝えられていたのです。

道元が、一途に追い求めた正師が厳として存在したのです。この如浄との巡り合いこそが、道元の求法の覚悟を決定的なものとしました。参禅学道の基本には正師の存在が絶対不可欠です。正伝の仏法を相承《そうじょう》した正師のもとでの修行でなければ、邪道を歩むことになり、真の仏道修行にならないのは当然です。ですから道元は「正師を得ざれば、学ばざるにしかず」の固い決意で尋師訪道《じんしほうどう》を重ねたのです。

では、正師とはどのような師をいうのでしょうか。道元は言います。「正師は、年齢に関係ありません。ただし、その師は、正伝の仏法を明確に把握し、安心を確立し、弟子の証《さとり》が師匠の証にかない、仏祖の命脈に通じ、正師としての印証《いんしょう》（証明）を受けた師でなければなりません。そして、さらに学問的理解のみを優先せず、世間の尺度にとらわれず、偉大な活機《かっき》（悟りに通ずる資質）をもち、迷《めい》・悟《ご》・凡《ぼん》・聖《しょう》などの観念を超越した気概をもち、私見のみにとらわれず、行解相応《ぎょうげそうおう》、つまり修行と学問、実践と理論とが一致している師を正師とするのです」と。

仏道修行者は、吾我《ごが》・名利《みょうり》の念（名誉と利益）をはじめとする、身心にまとわるすべてを捨て去って、自分自身の全身全霊を「仏のいえ」に投げ入れるわけですから、その「仏のいえ」の主は、真実の正師でなければなりません。正師でなければ、仏の子を仏の子として正しく導くことはできないのです。そうでなければ、仏法は正しく相承されないのです。

⑩ 正師に巡り合った感動

まのあたり先師《せんし》をみる、これ人にあうなり。先師は十九歳より離《り》郷《きょう》尋師《じんし》、弁道《べんどう》功夫《くふう》すること、六十五載にいたりて、なお不退不《ふたいふ》転《てん》なり。

【現代語訳】目の前に正師がおられたのです。まさに正師にお目にかかれたのです。正師は、十九歳の時から故郷を離れて諸方に正師を尋ねて仏法を聞くこと、修行に専心努力すること、六十五年、その求道の精神は、今なお衰えを知らないのです。

（『正法眼蔵《しょうぼうげんぞう》』「行持《ぎょうじ》」巻下）

この言葉は、正師を求めてやまなかった若き日の道元が、まさに「古仏《こぶつ》」と尊称しうる正師にやっと巡り合うことができた、これ以上にはない歴史的師資邂逅《ししかいこう》（師と弟子との出会い）の感動が吐露されている言葉です。

先師とは、言うまでもなく、道元の本師となる長翁如浄《ちょうおうにょじょう》のことです。

道元によって「古仏」とまで尊称される如浄も、中国禅宗の灯史類《とうしるい》（禅の歴史書）のいずれにもその伝記を詳述したものがなく、その詳細は伝わっていません。しかし、如浄の弟子となった道元の遺した著作を通して、その姿の一端が散見されます。

如浄は、出家後、十九歳の時から正師を求めて諸方の禅院を巡り、厳しい坐禅修行の後に、雪竇山《せっちょうざん》の足庵智鑑《そくあんちかん》（一一〇五―一一九二）の痛打下《つうだか》（激しく厳しい修行）に大悟し、その法を嗣ぎますが、浄頭《じんじゅう》（便所の清掃係）として修行したといわれます。

その後、約二十年間諸方を歴訪し、嘉禎三年（一二一〇）、四十八歳で清涼寺《せいりょうじ》（現在の江蘇省）に入寺し、以後、台州《だいしゅう》（現在の浙江省）の瑞巌寺《ずいがんじ》、臨安府《りんあんふ》（現在の杭州）の南山浄慈寺《じんずじ》、明州（現在の浙江省）の瑞巌寺に住職し、浄慈寺には再住しています。そして、宝慶元年（一二二五）、天童山の無際了派《むさいりょうは》の遺書を受け、勅請によって、この天童山景徳寺の住職となります。道元が来参したのはこの時期のことでした。

道元は、その邂逅の喜びと本師となる如浄の仏法に対する不退転の志気《しいき》とをこの一節に記したのです。

如浄の老いてますます盛んな不退転の志気は、如浄が道元に、「私は、三十余年の間、時とともに弁道功夫《べんどうくふう》して、いまだかつてその精神は衰えていない。今年六十五歳になるが、老いてその志気はますます堅い。道元よ、君もまた私のように弁道功夫しなさい」と、語ったのです。

また、如浄は、十九歳より、諸方の禅院に正師を求め、釈尊の坐られた金剛坐《こんごうざ》を坐《ざ》破《は》（徹底的に坐りぬくこと）するために、坐禅以外のあらゆることを放棄し、寸暇を惜しんで臀肉が爛れ腐るまで徹底的に坐禅をしたのです。そのような、如浄の若い頃からの厳しく激しい坐禅への姿勢の気概は、六十五歳の老骨となっても衰えることなく、門下の修行者たちにも当然課せられたのです。

その厳しく激しい坐禅は尋常のものではありませんでした。如浄は率先して、午前二時半から三時頃には起床して、午後の十一時頃まで坐禅をし続けているのが日常茶飯事だったのです。如浄が横になって寝ている姿を見たものは誰もいないのです。そのような坐禅中、もし居眠りをする僧がいると、如浄は自分の履物で打ちすえたり、なお眠る者があると、鐘を鳴らし、行者《あんじゃ》（修行僧）に明かりをつけさせて眠気を払わせ、打坐せしめたのです。

そのような厳格な只管打坐《しかんたざ》に明け暮れるある日、如浄は、

「私は年老いた。そろそろ草庵を結んで老後の生活に入ってもよいのだが、責任ある住職の席にある以上、諸君の迷いを覚まし、仏道修行を助けるために、拳をふるったり、叱りつけたり、竹篦《しっぺい》（竹でできた法具）で打ちのめすこともする。だが、これはまことに恐れ多い。しかし、これは私が仏に成り代わってすることである。それゆえに、修行者諸君、どうか慈悲をもって、これを許したまえ」

と言ったので、時の修行者たちは如浄の真実の慈悲心を知って、みな涙を流して師に打たれることを喜んだ、とも道元は述べています。

まさに、道元は、その探し求めた正伝の仏法を伝える真実の正師を得たのであり、その正師天童如浄に一途に懸命に追随していくことになるのです。

⑪ 仏道の根幹は自らを究明することである

仏道をならうというは、自己をならうなり。自己をならうというは、自己をわするるなり。自己をわするるというは、万法《まんぼう》に証《しょう》せらるるなり。万法に証せらるるというは、自己の身心《しんじん》および他己《たこ》の身心をして脱落《だつらく》せしむるなり。

【現代語訳】 仏道をならうというのは、自己をならうということです。自己をならうということは、自己を忘れることです。自己を忘れるということは、万法（一切の存在のことごとく）が教え示してくれることです。ということは、自己の身心に基づく主観と、他己の身心に基づく客観という意識をも脱落することになるのです。

（『正法眼蔵《しょうぼうげんぞう》』「現成公案《げんじょうこうあん》」巻）

この言葉は、道元が三十四歳の時、在俗の信者のために、正伝の仏法を学ぶための仏道修行の根幹を示した『正法眼蔵』「現成公案」巻にあります。「現成公案」巻は、在俗の信者に示された法語とはいえ、それ以後展開される、道元の仏法の原点ともいえるものなのです。

道元の言う、仏道修行の根幹は、本来の自己、自分自身を確実に把握することで、それを「自己をならう」という言葉で表現したのです。ですから、「仏道をならう」ということは、究極の自分自身、真実の自分自身を確実に究明するということになります。自己を究明するためには、種々様々な仏教書を読んだり、祖師たちの遺した公案（禅問答）の類を参究することも必要ではあります。が、そうしたことを離れて、只管打坐《しかんたざ》（ひたすら坐禅すること）を根底として自分自身を究明することが、「自己をならう」という言葉の背後に厳然としてあるのです。

本当の自分、真実の自分を判然と確実に自分のものにするためには、書物から得た知識のみで自分自身を構築したことなどをすべて捨ててしまわなければなりません。それが「自己をならうというは、自己をわするるなり」という言葉になって表現されているのです。

そうした自己を忘れ去ったすがたこそが、「万法に証せらるるなり」ということになります。「万法に証せらるる」というのは、ありとあらゆる事事物物《じじぶつぶつ》のことごとくが、自分自身をも忘れたすがたを自ずと映し出し、教えてくれるということです。

それゆえに、万法に証せらるるというは、「自己の身心《しんじん》および他己《たこ》の身心をして脱落せしむる」ことになります。この場合の、「自己の身心」あるいは「他己の身心」というのは、自分自身の存在、主観的存在と、他人のあるいは他物の存在、客観的存在、という意味です。ですから、「自己をならい、自己を忘れれば」、ありとあらゆる事事物物の真実のすがたがはっきりと認識され、ありとあらゆるすべてのものが平等な存在であるという現実もみえてくるのです。自己というのは、己の身心のみで成り立っているのではなく、他との様々な関わりのなかにあるからです。自分自身の存在とか、他人あるいは他物の存在といった、とらわれた見方がなくなり、すべてが絶対的同一の存在、平等な存在として生かされていることが実感されるのです。そうしたことが、道元の言う「身心脱落《しんじんだつらく》」の一面でもあるのです。

ですから、道元は表題の言葉に続けて、「悟迹《ごしゃく》の休歇《きゅうかつ》なるあり、休歇なる悟迹を長長出《ちょうちょうしゅつ》ならしむ」と言います。悟りをひらいた尊い仏を実感したというような体験が少しでも自身に残っているかぎりは、真実の仏道の実践とは言えず、悟りをひらいたという「悟迹」（悟りのあとかた）、それすらがなくなった状態を「悟迹の休歇（なくなること）なるあり」と表現しているのです。

悟りの痕跡を残さない状態を「没蹤跡《もっしょうせき》」、あるいは、飛ぶ鳥は飛んだという痕跡を空に残さないところから「鳥道《ちょうどう》」といいます。ですから、真実の仏道修行の実態は、「休歇なる悟迹を長長出ならしむ」ところにあることになります。道元が、「身心脱落」したことを、本師如浄に報告した際、如浄は「脱落、脱落」と言ったのです。つまり「身心脱落」したそのことさえ、忘れ去ってしまえ、と言ったのです（90〜93頁参照）。

自分自身の生活そのものが、悟りの上での仏としての生活であることが意識されない生活、それがどこまでも続けられる生活、言うなれば、「証上《しょうじょう》の修《しゅ》」、つまり、本来、人の具えている悟りの上での参禅などということすらが意識されない只管打坐のすがたこそが、真実に徹した仏道の修行である、ということなのです。

⑫ 弁道とは何か、文字とは何か

座《ぞ》、大笑《たいしょう》して云《いわ》く「外国の好人《こうじん》、未だ弁道《べんどう》を了得《りょうとく》せず、未だ文字《もじ》を知得《ちとく》せざること在《あ》り」

（『典座《てんぞ》教訓《きょうくん》』）

【現代語訳】 典座《てんぞ》（禅寺の食事を司る役職）が、大笑して言いました。「外国の若き坊さんよ。あなたは、まだ弁道がどういうことか、文字がどういうものかご存じないようだ」と。

この言葉は、道元が、入宋《にっそう》して、最初に突きつけられた大きな問題でした。「弁道」（修行）とは何か、「文字」（言葉）とは何か。それは若き道元の仏法への求道の精神を根底から揺るがし、仏法への確かな眼を開かせる問題でもあったのです。

道元たちが、東シナ海を死ぬ思いで渡り、中国の港にたどり着いた南宋暦の嘉禎十六年（一二二三）五月初旬のことでした。

碇泊していた道元たちの船に、一人の老僧が日本からの椎茸を求めにきました。道元が筆談を交えて夢中になって聞いたところ、この老僧は、六十一歳で、阿育王山《あいくおうざん》で典座《てんぞ》を務めているというのです。老僧は、郷里を離れて四十年、諸方の叢林《そうりん》を遍歴して、先年、阿育王山を訪ねて禅堂に入った修行の身です、と言います。中国の禅事情を知りたかった道元は、よい機会とばかりに話しかけ、引き留めます。

老典座と道元のやりとりは次のようなものでした。

「いや、それはなりません。明日の食事の用意は私がしなければなりません」

「お寺には同職の者がおりましょう。典座の一人ぐらいいなくても仕事に差し支えはないでしょう」

「いや、この仕事は、年老いた私が、仏から授かった大事な仕事なのです。どうして、他人にまかせられましょうか。それに、今日の外泊の許可もとっておりませんので、寺の規則を破るわけにはいきません」

「失礼ながら、あなた様は、だいぶお年のようです。それなら、なおのこと、静かに坐禅したり、先哲たちの公案（禅問答）や語録などをみて精進されたらよいのに、どうして、煩わしい典座職などを引き受け、一生懸命に励んでおられるのですか。典座職には、何か特別なよいことでもあるのですか」

道元のその質問に対しての答えが表題の言葉なのです。道元は、さらに聞きます。「弁道とはどういうことですか。文字とはなんですか」。すると、典座は、「今、質問した、弁道とは、文字とはということをつねに心がけていれば、仏道がわかるようになりますよ。わからなければ、後日、阿育王山に訪ねておいでなさい」と言い、買い求めた椎茸をかかえて、艀《はしけ》に乗り移り帰って行ったのです。

それから暫くして、道元が天童山に掛錫《かしゃく》（修行のためにその寺に留まること）し、その生活にいくぶんなれた七月下旬、船中で会った老典座が「夏安居《げあんご》（夏の修行）が終わったので、典座職を辞して故郷に帰る途中です」と言って、道元を訪ねてくれました。道元は感謝しながらも息せき切って尋ねます。

「文字とはなんですか。弁道とはどういうことですか」

「文字とは、一、二、三、四、五。弁道とは、『偏界《へんがい》かつて蔵《かく》さず』です」

文字とは、言葉であり、人間にとってなくてはならぬもの、生きている証であり、人間存在の原点。そして弁道とは、悟りにいたる道筋・修行。そう思っていた道元には衝撃でした。老典座の言葉は、極めてありふれた言葉ですが、仏道の真実を語っていたのです。文字に執着すると知識ばかりを追い求め、文字で培われた知識だけですべてを解決しようとします。それでは仏の真実は見えてきません。仏の真実は、文字づらばかりで求めるべきではないのです。

仏道は、「偏界かつて蔵さず」と表現されているように、明々として生活の中に、隠れずそのすがたをあらわしているので、それをはっきりと見極めることが大切なのです。一つのことを行うときは、自分の全責任をもってそのことに没頭することです。道元は、仏道における弁道の真実に気づかされたのです。

⑬ いま自分自身ですることに意味がある

山僧云《さんぞういわ》く「如何《いかん》ぞ行者人工《あんじゃにんく》を使わざる」。座云《ぞいわ》く「他《た》は是《こ》れ吾《われ》にあらず」。山僧云《いわ》く「老人家《ろうにんけ》、如法《にょほう》なり。天日《てんじつ》かつかくのごとくに熱す。如何《いかん》ぞ恁地《にんち》なる」。座云《ぞいわ》く「更に何《いず》れの時をか待たん」と。山僧すなわち休《きゅう》す。

【現代語訳】 山僧《わたし》が、「どうして、若い修行者にさせないのですか」と尋ねると、老典座は「他人にやってもらったのでは、自分がしたことにはなりません」と答えました。山僧が「あなたのおっしゃるのはもっともです。でも、この炎天下、この暑い最中に、どうしてそこまでする必要があるのですか」と聞くと、老典座は「今やらなければ、いつやる時があるのかな」と答えたのです。山僧は、沈黙せざるを得ませんでした。

(『典座《てんぞ》教訓《きょうくん》』)

道元が、天童山で修行していた真夏の日中のこと、斎座《さいざ》（昼食）をすませて東の廊下を通って超然斎《ちょうねんさい》という建物に行く途中、仏殿の前で、茸《きのこ》（苔とも）を乾している、もう一人の老典座に出会いました。

老典座は、手に竹杖をもち、笠もかぶっていませんでした。灼熱の太陽は容赦なく照りつけ、熱せられた石畳からは陽炎が立ち上っていました。

老典座は、流れる汗にもかまわず、一心不乱に茸を晒していましたが、その姿はいかにも苦しげでした。かなりの高齢とみえ、背骨は弓のように曲がり、眉毛は鶴の羽のように真っ白でした。道元が、見かねて年齢を問うと、「六十八歳だ」と言います。

「この暑いのに大変でしょう。どうして若い修行僧を使ってさせないのですか」と訊くと、老典座は、「他人は私ではないではないか。人がやれば自分のつとめにはなりますまい。自分がやったことにはならないではないか」と答えました。

「それは、確かにおっしゃるとおりですが、この炎天下で、なぜ、それほどまでに苦しい思いをしてまで、そんなことをしなければならないのですか」

老典座は答えました。

「何をおっしゃる。今、この時を逃して、いったい、いつこの仕事ができるというのかね」

道元は、この老典座の言葉と実践の姿に、弁道の真実を見て、この職の重要さを知らされ、返す言葉もなく沈黙する以外になかったのです。

椎茸を求めて船中を訪れた、先の典座といい、今、目の前で、汗を流しながら懸命に作務をしている典座といい、名もない一介の老僧までもが、禅の修行の真の精神を守り、ただひたすらに実践していたのです。道元は、船中で出会った先の典座が言った、「弁道」の真の実践の姿を目の当たりにし、弁道の真髄を見せつけられて、その感動で胸がいっぱいになり、そこを離れたのです。

「弁道」すなわち仏道修行とは、文字にとらわれ、文字に執着し、経典や祖録や公案を精読し、それを観念的にとらえていくことばかりではないことを、道元は実感したのです。

つまり、典座の言う、「文字」、「弁道」、「偏界《へんがい》かつて蔵《かく》さず」、「他は是れ吾にあらず」、「更に何れの時をか待たん」という仏道の真実は、教義、経典だけにとらわれて修行するだけでは伝わらず、経典や教義の奥義を理解し、さらにそれを真に体得し実践してこそ、初めてその授受が可能であるということです。

それは、文字や言葉をただ単に否定し無視するというのではなく、文字や言葉の限界を判然と見極め、文字や言葉のみにとらわれず、文字の真に意味するところ、その背後にある真実をも把握せよ、ということでもあります。いわば、「知」と「行」を通して徹底的に理解し、さらに実践する、それこそが弁道の真の姿であることを、道元は、この老典座たちから学んだのです。

道元は後に、この老典座たちとの出会いが、仏道の真髄に触れさせてくれたことへの感謝を込め、帰国後に著した『典座教訓』のなかに、

「いささか文字を知り、弁道を了《りょう》ずるは、すなわち彼の典座の大恩なり」

と記し、追慕してやみません。

道元は、叢林におけるこの典座の法を、極めて重要視し、日本にもたらしました。この法は、やがて、日本の「食」についての基本となっていくのです。

⑭ 坐禅は安楽の法門である

坐禅は習禅《しゅうぜん》にあらず。ただ、これ、安楽《あんらく》の法門《ほうもん》なり。究尽菩提《ぐうじんぼだい》の修証《しゅしょう》なり。公案現成《こうあんげんじょう》し、羅籠《らろう》いまだ到《いた》らず。

【現代語訳】　坐禅は、坐禅を悟りに至る手段とするような習禅のものではありません。ただ、この坐禅こそが、すべての苦悩を超越した安楽の法門なのです。それは真実を究め尽くした修行と悟りのすがたであり、そこには絶対の境地があらわれ、価値判断のしばりなどもないのです。

（『普勧坐禅儀《ふかんざぜんぎ》』）

この言葉は、道元が、宋から帰国早々に著した『普勧坐禅儀《ふかんざぜんぎ》』にみられます。『普勧坐禅儀』は、仏道を学ぶ人たちに、坐禅を仏道の正門とし、正伝の仏法の根幹である只管打坐《しかんたざ》の精神とその儀則を流麗な四六駢儷体《しろくべんれいたい》で示したもので、わが国最初の「坐禅儀」です。その中にある、坐禅は悟りに至る手段ではなく、修行と悟りを如実にあらわしているとの表明は、従来の坐禅の観念を根底から覆したものであり、この『普勧坐禅儀』こそが道元仏法の立宗宣言ともいえるものです。

わが国に仏教がもたらされて以来、十三世紀初頭の道元の時代まで、およそ七百年の間に種々の宗派仏教が伝えられましたが、純一正真の禅の宗旨は伝えられませんでした。古くは、日本に天台宗をもたらし比叡山を開いた最澄（七六七―八二二）が禅を伝えたといいます。しかし、それは天台・真言混合の禅でした。平安時代の初期に、馬祖門下の塩官斉安《えんかんさいあん》の門人恵元《えげん》が日本最初の禅僧として請されましたが、上堂（説法）も入室《にっしつ》（師から教えを受けること）もなかったのです。さらに、平安末から鎌倉初期に大日房能忍《だいにちぼうのうにん》による日本達磨宗《だるましゅう》が勃興しますが、それも嘉禄三年（一二二七）から翌年にかけて興福寺の衆徒によって災禍を受けて門下は四散、その多くはやがて道元門下となり、道元の僧団の有力な構成員となるのです。

十二世紀末頃には、道元が師事した栄西《えいさい》が、臨済系の禅を伝えますが、それも他の教学、とくに密教を兼ねた禅で純粋な禅とはいえず、そこに正確な坐禅の威儀《いいぎ》作法（儀則）が存在するはずはありませんでした。

そのような状況のなかで、道元は仏祖正伝の仏法を求めて中国に渡ったのです。しかし、当時の中国禅宗は、唐末五代の乱世の名残りのなかで貴族化・官僚化が著しく、形ばかりの禅宗が席巻していました。その坐禅は、いたずらに心の動きをとめる（息慮《そくりょ》）とか、あるいは心の静まるのをじっと待つ（凝寂《ぎょうじゃく》）ということに終始しているような状態でした。ですから、みな坐禅の本質を理解していませんでした。

ところが、道元が「古仏」と尊称する宏智正覚《わんししょうがく》（一〇九一―一一五七）が、当時の中国禅の弊風を一掃します。そしてその後、修証一等《しゅしょういっとう》、只管打坐《しかんたざ》の禅風を高揚するのが、道元が本師と仰ぐことになる如浄でした。道元は、中国諸山に尋師訪道《じんしほうどう》した後に、この如浄のもとで徹底的に坐禅弁道し、ついに身心脱落、一生参学の大事を悟り、正伝の仏法の根幹となる坐禅を日本に伝えることになるのです。

では、その坐禅の本質とはどのようなものなのでしょうか。道元は言います。

「この坐禅は、仏から仏へと正伝され、師から資《でし》へと純粋に受けつがれたものです。諸宗の坐禅は、坐禅をして悟りを待つことを原則としたり、禅定を習修するだけで、坐禅を、大海を船や筏で渡り、渡り終わったら、それを投げ捨てるものと同じように考えているのです。それは、いわゆる『習禅《しゅうぜん》』であって、わが仏祖の坐禅はそのようなものでなく仏行《ぶつぎょう》なのです。仏の正伝の仏法のあり方というのは、教《おしえ》・行《しゅぎょう》・証《さとり》の三者が平等であり一体であることです」と。

要するに、当時の中国の禅宗は、教義上では儒教・道教・仏教の三教一致説などもはびこり、その多くは坐禅を悟りの手段に過ぎないとする「待悟禅《たいごぜん》」であり、その影響を色濃く受ける日本の禅も、公案のみを参究工夫する「看話禅《かんなぜん》」を中心とした禅でした。そのような状態を打破すべく、中国より帰国早々に、坐禅をもって仏道の正門とし、釈尊から諸仏諸祖へ、そして正師如浄から自分に正伝した仏法は、「只管打坐」の徹底坐禅にしかないことを、わが国に最初に宣言したのが『普勧坐禅儀』であったのです。

⑮ 坐禅は「非思量」である

兀々《ごつごつ》と坐定《ざじょう》して、思量箇不思量底《しりょうこふしりょうてい》。不思量底《ふしりょうてい》、如何思量《いかんしりょう》。非思量《ひしりょう》、これすなわち坐禅の要術なり。

【現代語訳】 一心不乱に不動なすがたで坐禅して、言葉で思い量《はか》る世界を超脱して、非言語の世界に没入する。これこそが、すなわち坐禅の核心なのです。

（『普勧坐禅儀《ふかんざぜんぎ》』）

「非思量」という語句は、中国禅宗の第三祖僧璨《そうさん》(?―六〇六)が著した『信心銘《しんじんめい》』にみられます。しかし、坐禅の要術、つまり「非思量」は、思量(思い量る・考える)という意識のはたらきを除いた無意識状態ではなく、思量しながら思量にともなうとらわれを脱した思量であるとしたのは、唐代の禅僧薬山惟儼《やくさんいげん》(七四五―八二八)です。

ある僧が薬山に、「そのように兀々《ごつごつ》と(一心不乱に)坐られて、どのようなことをお考えですか」と尋ねました。薬山は、「不思量(思い量らない・考えない)を考えている」と答えました。僧はさらに、「不思量というものは、どうしたら考えられるのですか」と聞きます。薬山は、「非思量(考えないのである)」と答えました。

この問答を、道元は次のように解説しています。

「兀々《ごつごつ》と端坐《たんざ》(正しい坐禅をすること)して何を考えるか。薬山の言葉は、よくそれを言い得たものの一つです。それは、あの不思量を思量するところに、思量といえば思量の心髄があり、また不思量といえば不思量の極限が語られているのです。であるのに、かの僧はかさねて、不思量ということは、古くからいわれているが、一体どうしたらそれが考えられるかと問うのです。思うに、坐禅のとき、まったく考えないということはないのです。愚人でないかぎりは、誰だってそこのところを問いたいと思うはずです。薬山はそれに答えて、『非思量』と言ったのです。不思量には、どうしてもこの『非思量』をもってするほかはないのです。『非思量』にもなんらかの内容があり、その何かが『非思量』の自分を存在させるのです。そこに端坐しているのは自分ですが、その自分はただ思量する自分ではなく、ひたすら端坐しているのです。端坐はまさに端坐ですから、その端坐が端坐を思い量ろうとする道理はないのです。ですから、端坐して思うことは、仏のことでもなく、法のことでもなく、悟りのことでもなく、あるいは何かの理解のことでもなく、ただ非思量なのです」と。

道元が、なぜそのようなことを言明しているかというと、当時、坐禅は悟りの手段、無になることとなどと誤解する人々が多かったからなのです。

道元の次の言葉は、その間の事情を明確に物語っています。

道元は、「近年、愚かにしてずさんな人々は、『坐禅の修行は心のうちの無事を得ればよい』、『坐禅は初心晩学のすることで、行くも禅、坐するも禅、語・黙・動・静すべておのずから安然であるから、坐禅の修行にのみこだわってはならない』などと言っています。その見方は、仏法を学ぶ者とは言えないのに、今の大宋国には、そのような坐禅の修行者が多いのです。坐禅は仏道を学ぶものの定まれる修行として修《しゅう》することを知らねばなりません」と言っています。つまり、仏となることを求めず、ただ仏の威儀《いいぎ》（正しい立ちいふるまい）を行《ぎょう》ずることと主張しているのです。文字のとらわれを打ち破って、仏の威儀を行ずるのは、決して仏となるためではない、それは、その身がすでに仏であるならば、さらに仏となる必要はないからだ、ということです。

「思量箇不思量底《しりょうこふしりょうてい》」は、従来の漢文では、「箇《こ》の不思量底を思量せよ」と読まれ、坐禅の際に無念無想になるために、「不思量のところを考えよ」と理解されていました。しかし、道元は「思量箇不思量底」そのものこそが、「如何思量」、「非思量」であり、如何思量と非思量は思量の本来のすがたを表現したものとしたのです。つまり、道元は、和文としては「思量は、箇の不思量底なり」と読んでいます。このように読むことによって、坐禅は、仏行であるから思量は思量を超えて、まさに、非思量・非言語の世界にこそ坐禅の極致が現成《げんじょう》する、と正伝の仏法の坐禅のあり方を明らかにしたのです。

⑯ あれもこれもやろうとするな

まことに一事《いちじ》をこととせざれば、一智《いっち》に達することなし。

【現代語訳】 まことに、一つの事に専心しなければ、仏法の一つの智慧にも達することはできません。

（『正法眼蔵《しょうぼうげんぞう》』「弁道話《べんどうわ》」巻）

この言葉は、『正法眼蔵』の「弁道話」第十二問、「この坐禅をつとめる人は、また真言宗でいう秘密の行法や天台宗の止観《しかん》の行法を同時に修行することは支障ありませんか」という質問の答えのなかにみられます。

真言の行法というのは、秘密真言の呪文を唱える行法です。天台の止観とは、分別を断って心を一所におき（止）、正智《しょうち》（正しい智慧）をもって諸法を照見《しょうけん》（観）することで、一種の精神集中の行法とされていたのです。

道元は、様々な行法を兼ねてはならないことを、次のように言っています。

「私が、中国にいた修行時代、師匠に真実の奥義を尋ねたところ、インド・中国の古今を通して、釈尊から正伝される仏法を正しく伝えた諸祖方においては、そのような行を兼ね修したものは、まだ聞いたことがないとの仰せでありました。実際のところ、一つの事を専一にしなければ、仏法の真実の智慧（一智）に達することはできないものです」と。

この「弁道話」の第十二問では、坐禅と、戒律や真言や止観との関係が問われていますが、その他の仏教の行法との兼修ははっきり無用だと断定しているのです。

同じ趣旨のことが、道元の弟子懐奘《えじょう》が著した『正法眼蔵随聞記《しょうぼうげんぞうずいもんき》』にもみられます。

懐奘は、類まれな資質を備えた真摯な仏法求道者で、全身全霊をなげうって、正師道元に随身した僧です。『随聞記』は、道元の示衆《じしゅ》や夜話におけるその場その場の説法の強烈な宗教的感動を、懐奘自身の心の軌跡として筆録したものです。ですから、『随聞記』は、道元の説法を懐奘という求道者の心の眼を通して語録としたものともいえるのです。

この『随聞記』には、道元の言葉が次のようにみられます。「広く学び、多くの書物を読むことは、とてもできることではないので、その考えを思い切って捨てるべきです。ただ、一つの事について心得や範とすべき先例を習い、先人の修行のあとを習い、ただ一つの行に専心に励み、先輩顔などしないことです」と。

道元が、一事を専らにせよ、広学博覧を避けよ、と訓戒するのは、仏道を極めることが難しいからにほかなりません。古聖先徳たちがいかに労苦を重ねて禅の奥義（一事）を追究しているかを、道元は上堂《じょうどう》（説法）で示します。

「仏法を学習することは、もっとも難しいことです。なぜならば、仏道を極めようと発心したのは真実であっても、その後、魔に落ち、病の起こっていることを自覚できなければ、せっかくの発心した道心が破れ、修証《しゅしょう》が得られず、まことに憐れなことになります。とくに近頃の仏法を学ぶ者は、聡明という魔に魅入られ、それを悟道と思い、また名利という病にとりつかれて、それが仏法を学んだ効果であるとしています」と、仏法の理解の安易さを諌め、さらに別の上堂でも、「仏道を学ぶのは容易なことではありません。ゆえに古聖先徳は、善知識（正しく導く師）の会下《えか》に参学して、ほぼ二、三十年を経て究めたのです。雲巌《うんがん》や道吾《どうご》は、四十年の間弁道し、船子《せんす》は薬山《やくさん》に在ること三十年、そしてただ禅の究極を明得したのです。南嶽《なんがく》は、曹谿《そうけい》に参学して十五年、臨済《りんざい》は黄檗山《おうばくさん》に在って松杉を栽えること三十年にして禅の奥義を明らかにしたのです。そのような事情ですから、当山の修行僧たち、兄弟は、すべからく光陰を惜しんで坐禅弁道すべきものなのです」と、述べています。

つまり、人は、一事を極めるのさえもなかなか容易にできないのに、あれもこれもやろうなどとするのは、それだけ迷いの種を生むだけで、一事すらも完遂できない、と戒めています。

⑰ 悟ってなお怠ることなく努力せよ

皓玉《こうぎょく》、瑕無《きずな》し、琢磨《たくま》せば輝きを増す。

【現代語訳】 瑕《きず》のない皓玉《こうぎょく》は、磨けば磨くほどその輝きを増すものなのです。

（『永平広録《えいへいこうろく》』巻二）

この言葉は、道元の仏法が中国禅を超脱した一面を見ることのできる言葉であり、次のような語話《ごわ》（真実を伝える仏祖の語）が前提となって展開します。

「雪峰義存《せっぽうぎそん》が、ある僧に『どこへ行くのか』と、聞かれました。僧は『作務《さむ》をしに行きます』と、答えました。雪峰は『行きなさい』と、言いました。この話に対して、雲門文偃《うんもんぶんえん》は『雪峰はその人の言葉で人を見抜いたのだ』と、言いました。それに対して、私（宏智《わんし》）は『そのような言葉にとらわれるな。言葉のみでわかろうとすれば痛棒をくだすぞ』と言おう。なぜそのように言えるのか。瑕《きず》のない皓玉にあえて彫刻をすれば、その本来の皓玉の姿を失うように、本来無瑕《むきず》である仏性に分別などを彫りつけるからその本質を失うのだ」

さて、その上で、道元は、表題の言葉を含めて次のように言ったのです。

「雪峰《せっぽう》・雲門《うんもん》・宏智《わんし》の三人の優れた禅僧は、以上のように言ったのですが、大仏老漢《わたし》はまた違うのです。諸君、私の言葉を詳細に聴きとり、よくよく考えてみなさい。瑕のない皓玉は、磨けば磨くほどその輝きを増すものなのです」と。

道元が入宋した当時は、大慧宗杲《だいえそうこう》（一〇八九―一一六三）によって大成された「看《かん》話禅《なぜん》」が盛んでした。看話禅の禅風は、「悟り」の存在を重要視し、公案参究によって「悟り」を得ることを主眼とし、とにかく得悟《とくご》することを目的としました。

これに対し、青原行思《せいげんぎょうし》（？—七四〇）から石頭希遷《せきとうきせん》（七〇〇—七九〇）、さらにくだり洞山良价《とうざんりょうかい》（八〇七—八六九）から曹山本寂《そうざんほんじゃく》（八四〇—九〇一）の流れをくむ中国曹洞宗は、ことさら「悟り」を目的とせず、兀兀《ごつごつ》と（一心不乱に）坐禅することで本来の自己が現れると主張しました。その禅風は、大慧の看話禅に対し「黙照禅《もくしょうぜん》」といわれ、宏智《わんし》正《しょう》覚《がく》が、当時隆盛していた看話禅と一定の距離を置いて大成したといってよいのです。

ところで、『永平広録』「上堂」に、道元は、宏智の上堂語を何度も繰り返して引用しています。そうした事実からも、道元が、宏智の禅風に大いに共鳴していたことは明らかです。つまり、宏智の黙照禅は、人は本来的に悟っているということを前提に、「悟り」とは決して言葉だけで理解できるものではなく、日々の「修行」あるいは「実践」こそが「悟り」である、と主張します。道元も、一連の上堂を通して宏智の「修《しゅ》証一等《しょういっとう》」観を称賛しています。しかしながら、道元は宏智の禅風をすべて受け入れるのではなく、その文言を引用しながらも、道元は独自の禅風を展開しているのです。

要するに、道元・宏智ともに「修証一等」をその禅風の中心にしますが、宏智の「修証観」は「証《さとり》」に重きを置き、道元のそれは「修《しゅぎょう》」を重視する違いがあるのです。

本来的な「悟り」を根底にする宏智の修証観によれば、本来的に悟っていることを前面に出すことになります。しかし、それは自然にあることのみを強調するあまり、一歩誤れば正しい仏道からはずれてしまう可能性を否定できません。

一方、道元の「修」の立場を前面に出す修証観によれば、すでに悟っていることに甘んずることなく、さらなる「修」を積み重ねること、「証上《しょうじょう》の修《しゅ》」（悟った上での修行）を重要視することになります。

先に述べたとおり、宏智は、無為自然《むいじねん》を強調します。つまり、宏智は、人は本来悟っているのだから、それを汚すような余計なことはするべきではない、としているのですが、それは「証」に重きを置く禅風を示すものです。しかし、道元の、「瑕のない皓玉は、磨けば磨くほどその輝きを増すものなのです」という言葉は、人は「証上の修」を怠ることなく努力すべし、という道元の修証観を如実に表し、道元の禅風は、この点で宏智の「修証観」をも超越しているのです。

《道元のキーワード②》

『普勧坐禅儀《ふかんざぜんぎ》』（一巻・国宝）

道元が宋から帰国してまもない嘉禄三年（一二二七）、寄寓先の建仁寺で著したもの。正しい坐禅をすべての人々に勧めるために、坐禅の意義や実際の方法、その功徳などについて述べ、坐禅は単なる手段ではなく安楽の法門であることを四六駢儷体《しろくべんれいたい》の漢文で懇切につづったわが国初の坐禅についての根本書。

『典座教訓《てんぞきょうくん》』（一巻）

阿育王山《あいくおうざん》と天童山《てんどうざん》の老典座から、「弁道とは何か」、「文字とは何か」、そして「真実の修行とは何か」について教えを受けた道元が、食事を司る典座の職責や食のありようを力説し、典座の職そのものも自己の修行であることを著した書。

『宝慶記《ほうきょうき》』（一巻）

道元の入宋時代の宝慶元年（一二二五）から宝慶三年にかけて本師如浄《にょじょう》から示された正伝の仏法の真髄を、四十数項目にわたって整理した書。本書は、道元在世中は知られず、道元入滅後、懐弉《えじょう》によって発見され、道元が如浄に参学していた時代の暦名をとって書名とした。

『学道用心集《がくどうようじんしゅう》』（一巻）

道元著。正しくは『永平初祖学道用心集』という。本書は、「菩提心をおこすべきこと」、「正法を見聞しては必ず修習すべきこと」、「仏道は必ず行によって証入《しょうにゅう》すべきこと」、「参禅学道は正師を求むべきこと」、「参禅に知るべきこと」など十箇条を、学道修行の標準として説いた書。

Ⅲ
悟り

⑱ 時はただ過ぎ去るものではない

時《じ》、もし飛去《ひきょ》に一任《いちにん》せば、間隙《かんげき》ありぬべし。有時《うじ》の道《どう》を経聞《きょうもん》せざるは、すぎぬるとのみ学《がく》するによりてなり。要《よう》をとりていわば、尽界《じんかい》にあらゆる尽有《じんう》は、つらなりながら時時《じじ》なり、有時《うじ》なるによりて吾有時《ごうじ》なり。

【現代語訳】 もし時が飛び去るだけであるならば、あらゆるものに隙間があることになります。この有時の仏道を聞いて理解できないのは、時はただ過ぎ去るものとばかり学んでいるからです。要点を言えば、あらゆる世界のあらゆる存在は、つらなりながらも寸断された時間なのです。現実の存在としての時間であるからこそ、自分という存在に関連した現実の時間なのです。

（『正法眼蔵《しょうぼうげんぞう》』「有時《うじ》」巻）

この言葉は、『正法眼蔵』「有時」巻にみられます。「有時」は、これを「うじ」と読みますが、訓読すれば「あるとき」です。仏教でいう「有」は、現代語にすれば「存在」の意味です。この「有」を「時」の前につけて「有時」というのですから、「有時」巻の巻頭に述べられている「いわゆる有時《うじ》は、時《じ》すでにこれ有《う》なり、有《う》はみな時《じ》なり」というのは、現代的に表現してみれば、時間そのものがすでに存在であり、一切の存在はみな時間においてある、ということになります。そのように、有を存在、時を時間と見るとき、「有時」巻は「存在と時間」の関係が展開されているともいえます。

ところで、時は、経過するもの、飛び去るものとのみ思っているのが世の常識です。現代の多くの自然科学者も、哲学者も、「時は流れる」とか、「時の流れを観念として感じ取ることができる」などと、時をとらえています。

しかしながら、道元は、ほぼ七百七十年前に「飛去《ひきょ》は時《じ》の能《のう》とのみは学《がく》すべからず」と断言し、時が飛び去るというその固定観念を判然と否定しています。

西洋哲学の系譜では、古来より現代の実存哲学にいたるまで、時間の問題は大きな命題でした。ですから、近代の哲学者や研究者たちは、道元の時間と存在について、東洋の思想と西洋哲学とを対比してとらえようとします。たとえば、ハイデッガーの「存在と時間」論との比較、あるいはサルトルの「実存主義」を対極において、道元の仏法を思想として照射しようとする試みなどがそれです。それはそれなりに、東洋と西洋の比較思想論として思索するという点ではたいへん興味をひかれます。

しかし、西洋思想や哲学をもって仏法を思索し、それを道元の仏法と混同すると、仏道を踏み外します。仏法は、仏法をもって思索し、西洋哲学の時間論と仏教の時間観とは判然と区別されなければならないのです。実存主義は実存主義、仏法はあくまで仏法であり、そもそも比較対象すべきものではありません。道元は、実存主義者たちのまったく思い及ばないような、有時を仏性として認識し、仏法を命の根源をたずねる実践上の問題として展開しているのです。

道元の仏者としての時間・存在論は極めて綿密で、その思索の深さに驚嘆しますが、「時は飛び去るとのみ心得べからず」のたとえとして、次のように言います。

「それは、自分が河を過ぎ、山に登ってきたようなものです。その山河はそのままそこにありますが、自分はその山河を過ぎて、今ここにいる、とすれば、自分と山河は天地ほど隔たったと思います。しかし、山河をすぎる時には、自分自身がそこに時とともに存在し、そこに存在した以上、時とともに在ったのです。その自分自身がすでにここに在るならば、その時は去ることはないのです。もし、時間が去来する性質でなければ、山を登った時、その時間がそのままそこに永遠としてあり、時間が去来する性質であれば、自分自身が現実の時間を、まさに今、保任しているのです」と。

道元は、それを「有時《うじ》の而今《にこん》」と表現します。時は飛び去るものではないのです。要するに、世界全体に存在する一切のものは、連続しながら瞬間瞬間にそれぞれのはたらきをしながら連なっているのです。それこそが、本来の自己のあらわれとしての有時です。言い換えれば、自分自身が有時ということになります。道元は、時間と自己について、これほど深淵に掘り下げて思索しているのです。

ですから、道元の「有時」は哲学的な時間論や存在論としてではなく、仏教者としての時間論、存在論として研究していく必要があります。

⑲ 身心脱落《しんじんだつらく》——身も心も束縛から抜け出る

参見知識《さんけんちしき》のはじめより、さらに焼香《しょうこう》・礼拝《らいはい》・念仏《ねんぶつ》・修懺《しゅさん》・看経《かんきん》をもちいず、ただし打坐《たざ》して身心脱落《しんじんだつらく》することをえよ。

【現代語訳】 禅の師匠について参学するその最初から、焼香、礼拝、念仏、修懺（罪を仏祖に懺悔《さんげ》する）、看経（経典を読誦《どくじゅ》する）などの形式的な行持《ぎょうじ》にとらわれず、ただ只管打坐《しかんたざ》して身心脱落すべきです。

（『正法眼蔵《しょうぼうげんぞう》』「弁道話《べんどうわ》」巻）

道元が、正師如浄《にょじょう》と劇的な出会いを得て、決意も新たに、すべてを投げ捨てて厳しい修行生活に入ったある日の深夜、如浄は坐禅の意義について、道元に次のように教え示しました。

「坐禅をするということは、身心脱落《しんじんだつらく》なのだ。つまり、坐禅は、自分の身体と心をすべての束縛から解き放った状態を示しているのである。それゆえに、ことさらに焼香、礼拝、念仏、修懺《しゅさん》、看経《かんきん》などの形式的な行持にとらわれず、ただ坐禅するのみなのである」と。如浄は、焼香・礼拝・念仏・修懺・看経などをするなというのではなく、それらの一々が只管打坐にすべて集約される故に、坐禅をひたすら行うことを強調したのです。道元は、「それでは、身心がすべての束縛から解き放たれるというのはどういうことですか」と、質問します。

如浄は、「身心がすべての束縛から解き放たれるというのは、坐禅そのものをいうのである。ひたすらなる坐禅は、財《ざい》、色《しき》、飲食《おんじき》、名誉、睡眠という五つの欲望を離れ、貪欲《とんよく》（官能の欲のむさぼり）、瞋恚《しんに》（いかり）、睡眠（心が不活発で沈み眠くなること）、掉《じょう》悔《け》（心がざわつき後悔の念を起こす）、疑《ぎ》（因果の道理を疑うこと）といった五つの煩悩を除くことになるのである」と、教示しました。

その年の夏安居《げあんご》（夏の五月から三カ月の修行期間）も終わりに近づいたある日の明け方の坐禅の時、道元の隣で居眠りをしていた僧に向かって、如浄が、「坐禅は一切の執着を捨ててしなければならないというのに、居眠りをするとは何事か！」と大喝《だいかつ》します。その傍らで坐禅に没頭していた道元は、この如浄の大喝を聞いて豁然《かつぜん》と大悟《だいご》に至るのです。如浄のこの大喝が、道元の身体を突き抜けました。道元は時空を超越し、その瞬間、自分が諸仏となって無限の境地を飛翔したのです。今まで、自分をがんじがらめにしていた肉体と心が諸仏とともに軽やかに乱舞し、自分の眼の前に厳然と立ちはだかっていたすべてのものが道元に語り出しました。自己を忘れて「仏のいえ」に投げ入れた自分自身が、万法《まんぼう》に証されている（56〜59頁参照）すがたを判然と確信したのです。眼前に現成《げんじょう》しているありのままのすがたを、ありのままに受け入れている自分を認識したのです。これが如浄の言う「身心脱落《しんじんだつらく》」である、と。

道元は、夜が明けるのを待って如浄の方丈《ほうじょう》（住職の居室）を訪れ、焼香礼拝します。如浄は、すでにわかっていました。しかし、「何のための焼香か」と聞くと、道元は、

「身心脱落いたしました」と、自分を束縛しているあらゆる我執、束縛、煩悩などから抜け出て、とらわれのない世界、無碍《むげ》の世界に至った今の心境を報告したのです。

これを聞いた如浄はうなずきながら、「身心脱落、脱落身心」と述べ、坐禅の究極では、われわれの身心は身心を離れ、身心は脱落以外にはないと言い、道元の境地を認め、さらに「脱落、脱落」と言葉をつぎ、身心が脱落したという、そのことすら忘れてしまえと教示し、道元の大悟を認証したのです。

時に、南宋暦の宝慶元年（一二二五）七月の初旬、道元二十六歳のことでした。

この「身心脱落」の一句こそが、道元が如浄のもとで徹底坐禅し、大悟した機縁の言葉なのです。「身心脱落」とは、身も心もすべての束縛から抜け出た大悟の境涯です。中国禅には「心塵脱落《しんじんだつらく》」という言葉があります。それは五欲とか五蓋《ごがい》という煩悩を心に積もった塵とみて、それを修行することによって洗い流すことです。道元の正師如浄もその言葉をしばしば使っています。しかし、道元は、如浄のもとで只管打坐することによって、「参禅は身心脱落」と確信し、正師如浄を、いや中国禅をもはるかに超えた、道元独自の境涯を、「身心脱落」という言葉で表現しているのです。

⑳ 眼は横に、鼻は真っ直ぐついている

山僧《さんぞう》は叢林《そうりん》を歴《へ》ること多からず。ただ、これ、等閑《とうかん》に、天童先師《てんどうせんし》に見《まみ》えて、当下《とうげ》に眼横鼻直《がんのうびちょく》なることを認得《にんとく》して、人に瞞《まん》ぜられず、すなわち空手《くうしゅ》にして郷《きょう》に還《かえ》る。

【現代語訳】 山僧《わたし》は、あちこちと叢林を遍歴し、その生活を多く経験したわけではありません。ただ、はからずも、正師如浄に相見させていただき、その場で、眼は横に鼻は真っすぐについているというごく当然のことを認得しえただけなのです。それは、如浄に、仏法とはそういうものだとだまされたわけではありません。そして、手に何も携えずに故郷に還ってきたのです。

(『永平元禅師語録《えいへいげんぜんじごろく》』)

「眼横鼻直《がんのうびちょく》」や「空手還郷《くうしゅげんきょう》」という言葉は、道元によるわが国最初の開堂《かいどう》（住職になった者が初めて行う儀式）宣言としてよく知られています。それは、道元の語録として、延文三年（一三五八）に開版された『永平元禅師語録《えいへいげんぜんじごろく》』（一巻・通称『永平略録《えいへいりゃくろく》』）の巻頭を飾る上堂語（説法の言葉）なのです。さらに、『永平略録』の構成をも移用した江戸時代の卍山道白《まんざんどうはく》が開版した『卍山本《まんざんぼん》　永平広録』（十巻）の冒頭をも飾っています。

今日、道元の語録として知られる、『祖山本《そざんぼん》　永平広録』の冒頭には、わが国最初の禅林道場を開創するに臨んで、「依草《えそう》の家風《かふう》、附木《ふぼく》の心《しん》、道場の最好《さいこう》は叢林《そうりん》なるべし。床一撃《しょういちげき》、鼓三下《くさんげ》。伝説す、如来微笑《にょらいみみょう》の音《おん》……」（158〜161頁参照）とありますが、これは、道元の理想とする、山水のなかに仏に出会う真実の叢林のありようを吐露したものなのです。

「眼横鼻直」のみられる上堂語は、『祖山本』では第四十八番目に位置し、文字の移動がかなりあります。そのような事実は、道元の語録としては、初めに『永平略録』が流布し、さらに江戸時代中期以後、『卍山本　永平広録』が底本として流布していたという見過ごせない歴史的事実を示しているのです。

道元は、「眼横鼻直」、「空手還郷」と宣言した後で、次のように述べます。

「ただ、何のはからいもなく、時の過ぎ行くままに身をゆだねているのです。朝な朝なに太陽は東より出て、夜な夜な月は西に落ちて沈んで行くように……。風が止んで雲が消えると山谷のざわめきも静まり山肌が鮮やかにあらわれ、雨雲が通り過ぎ、雨がやむとあたりの山々が低くその姿をあらわします。つまり、結局のところはどうだというのだ、それこそが仏法の真実のありようではないか」と。

そして、しばし沈黙し、道元は、さらに次のように言ったのです。

「三年に一度は閏年が巡ってくるものだし、鶏は明け方（午前四時頃）には鳴いて時を告げるものです」

「眼横鼻直」、眼は横に、鼻は真っ直ぐについているということは、ごく当たり前のことで、それこそあるがままの相《すがた》です。道元は、そのあるがままの相をあるがままに認識しえたのは正師如浄のお陰であるというのです。

そして、「空手還郷」というのは、次のような道元の自負を強烈に表現しています。

道元以前の中国への留学僧の多くは、仏教を主として学問的にとらえたり、また単に仏教の経典や諸文物をわが国にもたらすのみでした。それに対して、道元は、正師如浄のもとで、すさまじいまでに自己を放下しての「只管打坐《しかんたざ》」の非思量の坐禅に徹したのです。そして、仏法を単なる文字面でとらえるのではなく、自らの身体全体で体認し、身心脱落した自分自身が、仏法そのものとなって帰国しました。

それは、釈尊によって始まり、菩提達磨によって中国にもたらされた正伝の仏法が、如浄から道元へと確実に受けつがれ、今、まさにその正伝の仏法の伝持者として、自分がこの日本に帰国したのだという自負の開陳なのです。

そうした正伝の仏法の伝持者としての揺るぎのない確信は、「仏がかならず仏に嗣《し》法《ほう》する」という「仏仏祖祖面授嗣法《ぶつぶつそそめんじゅしほう》」の実践に基づきます。如浄が、道元の嗣書《ししょ》に、「仏祖の命脈が、確実に道元に伝えられた」と証明したことは、道元が正伝の仏法を確実に継承したことの証明であり、その証明は強烈な自信となって「入宋伝法沙門道《にっそうでんぼうしゃもん》元」という言葉に表現されています。

㉑ 徹底して究明することで見えてくる

説似一物即不中《せつじいちもつそくふちゅう》は、八箇年の行持《ぎょうじ》なり、古今《ここん》まれなりとするところ、賢不肖《けんふしょう》ともにこいねがう行持《ぎょうじ》なり。

【現代語訳】「仏法の究極は、言葉で表現しても的確に表現しきれるものではなく、言葉で説明したとたんに、すぐさま的はずれになってしまいます」という言葉は、八年もの徹底した行持（仏道を修行し護持し、永久に持続し懈怠しないこと）の結果なのです。これは、古今でもまれなこととされ、賢人も賢ならざる人もともにこいねがう行持なのです。

（『正法眼蔵《しょうぼうげんぞう》』「行持《ぎょうじ》」巻上）

この「説似一物即不中」という言葉には、中国禅宗第六祖慧能《えのう》（六三八―七一三）とその弟子南嶽懐譲《なんがくえじょう》（六七七―七四四）との、次のような機縁の因縁があります。

懐譲が六祖に参じた時、六祖は「どこからやって来たのか」と尋ねます。

懐譲は、「嵩山《すうざん》の安国師の所より参りました」と答えます。

すると六祖は重ねて、「何がどのようにやって来たというのか」と尋ねます。

懐譲は、六祖のその質問の真意がわからず、答えることができませんでした。

そこで、以後八年間、懐譲は、六祖のもとで徹底した修行に励み、六祖の先の問いに対する答えを得て、六祖に告げました。

「私、懐譲が、かつてここに来た時、師は私に、『何がどのようにやって来たというのか』とお尋ねになりましたが、今、その真意がようやくわかりました」

六祖は、「君は、何をどのように理解したのか」と聞きます。

その時、懐譲は「説示一物即不中」と答えたのです。

つまり、「仏法の究極は、言葉で表現しても的確に表現しきれるものではなく、言葉で説明したとたんに、すぐさま的はずれになってしまいます」と答えたのです。

すると、六祖が重ねて、「それでは修行は悟りを仮定し期待するか」と尋ねます。
懐譲は、「修行と悟りというのはないわけではありません。が、『悟り』を期待するような修行は、修《しゅぎょう》と証《さとり》とを区別しそれにとらわれ迷うこと（染汚《ぜんな》）になりますから、真の修行は悟りを待つようなものであってはならないのです」と答えたのです。すると、六祖は、「そうだ。修行と悟り、それぞれが不染汚《ふぜんな》であることこそが、諸仏が護持し伝えて来たところなのだ。私もまた、そのとおりなのだ。懐譲よ、お前もまたそのとおりなのだ。西天《さいてん》（インド）の諸師もまたそのとおりなのだ」と、懐譲を認めたのです。

道元は、『永平広録』巻八の冬至の小参《しょうさん》（住職が修行僧に対して方丈において親しく説法すること）でも、この南嶽懐譲と六祖慧能が証契即通《しょうかいそくつう》（弟子の証《さとり》が師の証に相かなうこと）した因縁をとりあげています。小参では、まず、宏智正覚《わんししょうがく》の『宏智広録』から、宏智が、ありとあらゆる世界を自分自身がどのように身体で認識するか、そしてそれをどのように具体的に示せるかを説明したところを引用し、六祖と懐譲との機縁について提示しています。

六祖の「どこから来たのか」との質問は、もちろん単にその出身を聞いているのではありません。仏法の本質は人の思慮し分別する概念的な限定を越えているので、そのように聞いたのです。つまり、悟りの究極の道理は、常識的な言語をもって説明し得るべきものではないからにほかなりません。

道元は、『正法眼蔵』「遍参《へんさん》」巻に、この六祖慧能と懐譲との機縁を挙げ、まさにそれは徹底の上に徹底を重ねた参究であるとし、そこに「師《し》資《し》証契即通《しょうかいそくつう》」の原点を見ると讃仰しています。

「説似一物即不中」こそは、懐譲の、六祖のもとでの、八年にわたる徹底究明参学の成果が、仏法を骨の髄に染み込ませ、さらに血の流れにまで変えた結果として、己の真実の答えとして出た言葉であったのです。

この言葉こそが、師の六祖の真意に、そして諸仏諸祖に同唱《どうしょう》するもので、これによって懐譲は六祖に認められたのです。

㉒ 蜂は花の香を損なわず蜜を吸う

明々《めいめい》偏界《へんがい》、かつて蔵《かく》れず。毘盧《びる》を坐断《ざだん》して、未《いま》だ当《あた》るべからず。飲水《おんすい》の鵞《が》、よく淳味《じゅんみ》を取《と》る、花《はな》を採《と》る蜂《はち》、余香《よこう》を損《そん》ぜず。

（『永平広録《えいへいこうろく》』巻八）

【現代語訳】 ありとあらゆるものが隠すことなく明らかに現れていて、毘盧（釈尊）の世界にひたすら坐禅しても少しもとらわれることはない。それはまさに、鵞鳥は乳と水が混ざっていても、乳だけを飲むし、花に群れる蜂は花の香を損なわずに蜜を吸うようなものなのです。

この言葉は、『永平広録』巻八「小参《しょうさん》」編の「解夏《かいげ》の小参」にみえるものです。道元は、まず、「小参」の概要というのは、家訓を明らかにすることで、仏弟子の守るべき威儀や数限りない戒律を説くことではないと言い、次のように続けます。

「それは、三千の威儀《いいぎ》といわれる修行僧の守るべき日常の起居動作や数限りない戒律を説くわけではありません。過去七仏から伝えられた坐蒲《ざふ》のこと、諸祖の命の根元のことなどです。ですから、四禅《しぜん》や八定《はちじょう》とされる禅の理論を説くわけではなく、三賢《さんけん》や十聖《じっしょう》といわれる修行の段階や境涯などをあえて考えることもないのです。毎日、只管《しかん》に打坐して身心脱落《しんじんだつらく》することなのです。それを見て、わけのわからぬ連中が大笑いしようとも一切かまいません。ほんの少しの時間も惜しんで無駄に過ごしてはならないのです。そうしたなかに、道理の節目を問いつめれば、その尊さは堂々と現れているのです」

そのように言うと、道元は、「さあ、その時、どうするか。諸君、そこのところを体認したいと思わねばならない」と問いかけ、良久《りょうきゅう》して、つまりしばし無言の間をおいてから言ったのが、冒頭の言葉なのです。

つまり、道元は、家訓というのは、抽象論とか原則論などに基づく理論を展開するものではなく、祖師方が伝承した坐禅に、時光《じこう》を惜しんで只管打坐《しかんたざ》に徹して身心脱落《しんじんだつらく》することへの示唆なのです、と宣言したのです。

ここで言う「毘盧《びる》」というのは、釈尊成道《じょうどう》のときに、菩提樹下の地面から宝座（金剛座）があらわれ、釈尊はそれに坐して仏果《さとり》を得たとされる、そのすがたと悟りの境涯をいいます。「坐断す」というのは、徹底して坐り尽くし、差別の相《すがた》を坐破《ざは》して平等一如の境地に徹することです。ですから、「毘盧を坐断す」というのは、光陰を虚しくわたらず、寸暇を惜しんで、ひたすら坐禅して、釈尊が金剛座で得た悟りの境涯、身心脱落した悟りの境涯に至ることを意味します。そうした境涯こそを、道元は、飲水《おんすい》の鵞鳥、蜜を採る蜂に巧みにたとえて説示しているのです。

飲水の鵞鳥は、乳と水が混ざり合っていても、乳だけを飲み分け水を残すといわれます。また、採花の蜂は、蜜のみをとって香りを損ずることはないとされます。それは、真偽・善悪・正邪を識別するすがたにも、さらには、汚濁の世に棲《す》んでも覚者は染汚《ぜんな》されないすがたにもたとえられます。そのような鵞鳥や蜂のはたらきは、そのすべてが一切のものを損なわないという仏法の根本の道理にかなうものですから、この弁道（修行）の境界をきちんと弁《わきま》えなければならないとの説示なのです。

ちなみに、「永平の家訓」とはどういうものかというと、この場合の家訓とは、あくまでも叢林における不時の説法、小参をいうのですが、道元は、別の「小参」で、重要なところを三点挙げています。

まず、第一に、必ず求道の心がなければならないこと。第二は、昔の祖師方の求道心を具体的に慕い見習うこと。第三は、仏道の究極の真実を求めること。

そして、この三点は、仏道における初心者も晩学の者もまず学ばなければならないことである、と言っています。

いずれにしろ、小参は、道元が「小参は仏仏祖祖の家訓である」と言明し、その家訓とは、「仏祖の行履《あんり》にあらざるよりは履《ふ》まず、仏祖の法服にあらざるよりは服せざるなり」と示すように、仏祖の家訓を説くわけですから、その内容は宗要から叢林の日常に至るまでくわしいものになっています。

㉓ 釈尊の境涯に至るために

いまわれら見聞《けんもん》したてまつり、習学したてまつる、宿殖善根《しゅくしょくぜんこん》のちからなり。いま習学して生生《しょうじょう》に増長し、かならず無上菩提《むじょうぼだい》にいたり、衆生のためにこれをとかんこと、釈迦牟尼仏《しゃかむにぶつ》にひとしくして、ことなることなからん。

【現代語訳】 それなのに今、われわれが「八大人覚《はちだいにんがく》」を知り学べるのは宿縁以外にないのです。今、これを学び、生き生きと受けつぎ、悟りに至り、衆生に説くことができれば、釈尊にひとしい境涯に至ったといえるのです。

（『正法眼蔵《しょうぼうげんぞう》』「八大人覚《はちだいにんがく》」巻）

建長四年（一二五二）、道元、五十三歳。道元は、この年の夏頃から、身体に微疾《びしつ》を感じ、それが不治なるものと認識し、自分亡きあと、弟子たちによる法門の相続継承を憂慮したようです。その年の暮れから草稿を起こし、翌正月六日に、釈尊が二月十五日の夜半、沙羅双樹《さらそうじゅ》のもとに臥してなされた最後の説法『仏垂般涅槃略説教誡《ぶっしはつねはんりゃくせつきょうかい》経《ぎょう》』（略して『仏遺教経《ぶつゆいきょうぎょう》』）に基づいて、『正法眼蔵』「八大人覚」巻を著し、弟子たちに説法したのです。

『仏遺教経』というのは、その経名のように、釈尊がまさに涅槃に入らんとする際の最後の遺誡《ゆいかい》で、弟子たちに、わが滅度ののちは、戒律をよくまもり、五根（欲望）を制し、放逸にならず、八大人覚をよく修学せよ、と諭されたものです。

「八大人覚」の「八大」とは、仏の別名とされ、「覚」は仏道修行者が仏として真実に目覚めなければならない八つの行為、八つの道を意味します。その八つの道というのは、一、少欲《しょうよく》（欲をもたない）、二、知足《ちそく》（満足する）、三、楽寂静《じょうじゃくじょう》（閑かな生活をする）、四、勤精進《ごんしょうじん》（不断なる努力をする）、五、不忘念《ふもうねん》（正しく精神を集中する）、六、修《しゅ》禅定《ぜんじょう》（正しい参禅生活をする）、七、修智慧《しゅちえ》（智慧を身につける）、八、不戯論《ふけろん》（無駄な雑談・

議論をしない）です。

道元は、床に半身を起こすと、まず、『仏遺教経』の中心である八大人覚の部分の全文を引用して、「釈尊の弟子たちは、必ずこの八大人覚を学んだのです。この八つは、それぞれが独立しているのではなく、行持道環《ぎょうじどうかん》（仏道修行が少しの隙間もなく連続すること）として行じられなければなりません。これは釈尊の教えの要だからです。これを習学しないのは仏弟子とは言えないのです。釈尊からの正伝の仏法が流布している今こそ、それを学ばなければならないのです。一瞬たりとも懈怠《けたい》してはならないのです」と諭しています。

そして最後に、「仏法に出会うことは容易なことではありません。人間に生まれることもまた容易ではないのです」と述べ、表題の言葉で結んだのです。

道元は、仏法が受けつがれることによって、生生世世《しょうじょうせぜ》にわたって、一切衆生とともに無上菩提（悟りの智慧）を目指しつつ、行持を持続していくことを強く望み示衆《じしゅ》（説示）したのです。

釈尊は、沙羅双樹のもとで涅槃に入らんとする際に、臥しながら弟子たちに最後の教示をしました。道元は、その最後の説示を、尊崇してやまない釈尊にならったのです。その仏法は、釈尊から綿々として正師如浄に受けつがれ、それを自分が正伝の仏法として引きついだ以上、断絶してはなりません。未来永劫に受けつがれなければならないのです。仏仏祖祖の法脈《ほうみゃく》を伝灯として灯し続けなければならないのです。

この「八大人覚」巻こそが、道元の『正法眼蔵』の最後の撰述であり示衆となったのです。そして、「八大人覚」巻、最後のこの一節こそが、道元の最後の言葉であるともいえるのです。道元仏法の枢要が、最後のこの一節に込められているのです。

「この一本は、先師（道元のこと）の最後のご病中の撰述でありました。（中略）もし先師を恋慕し奉るの人は、必ずこの巻を書して、これを護持すべきであります。この巻は、釈尊最後のご教訓であると同時に、先師の最後の遺教であるからです」

道元の最高の弟子であった懐奘《えじょう》が、この奥書の終わりに以上のように記したのは、道元示寂二年後の建長七年（一二五五）の夏安居《げあんご》が終わる前日であり、永平寺第四世となる義演《ぎえん》（？—一三一四）にこれを書写させています。

㉔ 虚空をどうとらえるか

渾身是口虚空《こんしんこれくちこくう》を判《はん》ず、居起東西南北《きょきとうざいなんぼく》の風《かぜ》、

一等《いっとう》に玲瓏《れいろう》として己語《こご》を談《だん》ず、滴丁東了滴丁東《てきちょうとうりょうてきちょうとう》。

【現代語訳】
全身が口となり、虚空そのものとなって仏法を説く、
東西南北、無辺際《むへんさい》の風に吹かれるままに何の分け隔てもなく、
己の言葉ですべての真実を語る、
チチ、チン、トウ、リョウ、チチ、チン、トウ。

(『永平広録《えいへいこうろく》』巻九)

この偈頌《げじゅ》（仏法や祖師などをたたえる漢詩）は、道元の本師である如浄が、風鈴を題材として、「渾身口《こんしんくち》に似《に》て虚空《こくう》に掛《か》かれり。問《と》わず、東西南北《とうざいなんぼく》の風《かぜ》。一等《いっとう》に他《た》と般若《はんにゃ》を談《だん》ず。滴丁東了滴丁東《てきちょうとうりょうてきちょうとう》」（全身を口にして虚空に掛かり、東西南北どのような風にも対応し、あらゆるところに般若を説く、ちりりんちりりん、ちりりんりん）と詠んだ「風鈴の頌」をもとにしたものです。

つまり、眼に見えない風が、東西南北どこからも吹いてきて、虚空にかかる風鈴を鳴らすが、その響く鈴の音は、風鈴が全身、虚空となって般若（仏法の智慧）を語り、虚空そのものを現していると示した「風鈴の頌」に対しての偈頌なのです。

「虚空」というのは、果てしない無限の宇宙的な大空間で、すべての事象を包含しその存在を少しも妨げず、われわれ自身もその中に存在しています。古来、禅門においては、この「虚空」をどうとらえるかということが、大事な命題となっていて、祖師たちもその追究に懸命であったのです。

道元も『正法眼蔵』「虚空」巻で、その冒頭に「這裏《しゃり》は、これ、什麼《なん》の処在《しょざい》ぞ」（自分自身は、今、いったい、いかなるところに、どのように存在しているのか）と問いかけています。そして、この疑問への真剣な参学が実現してこそ自分自身が仏祖となり、その仏祖こそが綿々として受けつがれていくとするのです。したがって、参学者の全存在が虚空に包含されるがゆえに、虚空を真剣にとらえることが必要であるとして、古来から様々な虚空のとらえ方が存在していることを示します。

たとえば、中国禅でも、経典を主とせず大機大用《だいきだいゆう》の禅風を標榜した馬祖道一《ばそどういつ》（七〇九―七八八）の弟子石鞏慧蔵《しゃっきょうえぞう》（生没年不詳）と西堂智蔵《せいどうちぞう》（七三五―八一四）との問答では、己と虚空は対立するものではなく、己こそが虚空そのものであることを示します。また、馬祖と亮座主《りょうざす》との問答の「経を講ずるのは何によるのか」という問題に触れて、「虚空が経を講ずる」と述べています。さらに、婆須密《ばしゅみつ》の偈《げ》では、虚空のまっただ中であるがままに生き抜くことなどを示して、仏仏祖祖の祖師方が、功夫・弁道・発心・修証し、問うことは、それこそが虚空をとらえることであり、そうした虚空のとらえ方をひたすらに参学しなさいと示衆しています。

この如浄の「風鈴の頌」こそは、道元が在宋時代に、虚空の真意を会得した因縁の偈頌であり、道元は『宝慶記《ほうきょうき》』に、その感激を次のように記しています。

「この風鈴の頌は、私の好きな最高の偈頌です。今の中国の長老方では、とても作れるものではありません。私、道元は遠方の辺土《へんど》からやって来て、仏法に対して寡聞にして少見ではありますが、諸師の別録をひもといても、いまだに、和尚の『風鈴の頌』に匹敵するものはありません。私は、幸せにも今、見聞し、歓喜し踊躍し、感涙、袖をぬらす状態であり、昼夜合掌し拝受いたしております。この偈頌は、虚空をものの見事に表現しながらも、偈頌としての調子が素晴らしいからです」

このように道元が言ったのは、如浄がまさに輿《こし》に乗ろうとする時だったのですが、如浄は微笑しながら、「君の言うことは、深く抜群の気宇がある。諸方の僧はこの偈頌を賛嘆はしたが、そのように評したものはいなかった。天童の老僧である私は、君に識見のあることを認めよう。君も偈頌を作る時は、このように作りなさい」と言ったと、いかにも楽しげに記しています。

虚空は、紺碧の空であり、宇宙的な大空間です。が、そのただ中に存在するわれわれが、その中で、綿密に功夫し弁道し発心し修証し、生きているとすれば、無限なる空間・虚空こそが仏祖の命、あるがままの己の存在なのです。

㉕ 桃の花が散るところに悟りがある

桃華《とうか》のひらくるは春のかぜにもよおされ、桃華のおつるは春のかぜににくまる、たとい春風ふかく桃華をにくむとも、桃華おちて身心脱落《しんじんだつらく》せん。

【現代語訳】 桃の花が開くのは、春の風に誘われてであり、桃の花が散るのは、春の風に憎まれたからでもありましょう。たとえ春の風が桃花を憎んだとしても、その散るというところに身心脱落のすがたがあるのです。

（『正法眼蔵《しょうぼうげんぞう》』「優曇華《うどんげ》」巻）

唐代に霊雲志勤《れいうんしごん》（生没年不詳）という禅僧がいて、三十年の修行の末、桃の花の咲きほこるのに出くわし、悟りをひらいたといわれます。ところが、道元の本師如浄は、「霊雲は桃の花が咲きほこっているところに悟りをみたが、私は桃の花が散るところに悟りをみる」と言いました。道元のこの言葉は、それを受けているのです。

霊雲志勤が、桃の花の咲くのを見て悟りを開いた話とは、「霊雲桃華悟道《れいうんとうかごどう》」ともいわれます。年々、季節とともに咲き、そして散る桃花を見ながら、三十年間も修行した霊雲は、いま咲いている桃花を見て、桃花と自分は別物ではない、ありとあらゆる世界は自己以外にはない、という不疑の心境に達します。その心境を偈頌《げじゅ》にして師の潙山霊祐《いさんれいゆう》（七七一―八五三）に提示し、潙山がその悟道の深さを証明した公案（禅問答）として知られます。道元は、霊雲の「桃華悟道」について、次のように言います。

「霊雲志勤は、三十年のあいだ懸命に弁道した人です。あるとき、山中に遊行し、山のふもとで休息すると、はるかに人里が見渡せました。時あたかも春、桃の花が咲きほこっているのを見て、彼は忽然として悟ったのです。そこで一偈《いちげ》をつくってその師匠の潙山霊祐に呈したのです。

『三十年来尋剣の客なり、幾廻か葉落ちまた枝を抽《ぬき》んずる、一たび桃花を見てより後、直に如今《にょこん》に至って更に不疑なり』（昔、楚の剣客が、舟で河を渡るとき、剣を落とし、船端に目印をつけて『ここが、私の剣の落ちた場所である』と言い、舟が止まったときに、その目印のところを探したが剣がなかったように、私は、三十年もの間、ただ桃の花の咲くのを見過ごした。まさに剣を探す愚かな人間だったが、今は、眼の前に咲く桃の花を見て、全く迷いもない）。すると潙山が、『縁のはたらきによって悟ったものは、永久にそれを失うことはない。それを護持しなさい』と言い、印可証明《いんかしょうめい》したのです」と。

そして道元は、「誰ひとりとして因縁より悟入《ごにゅう》しない者はありません。また、悟入すれば誰がそれを失いましょうか。これは、ただ霊雲のことだけを言っているのではないのです。すべての悟入者がそうなのです。かくして霊雲は潙山の法を嗣いだのです」と述べ、さらに、「もし山色《さんしき》が清浄身《しょうじょうしん》（清らか）でなかったら、どうしてこのようなことがありましょう」とまで言います。

それは、山色渓声のあるがままの相《すがた》に仏に出会い悟道するのでなければ、釈尊の拈《ねん》華微笑《げみしょう》の説法もなく、二祖慧可《にそえか》の得髄もあり得えず、さらには渓声山色の悟道の功徳によって、大地も衆生も同時に成道《じょうどう》し、暁の明星を見て悟った釈尊も現れている、という信念に基づく仏法の確信があるからなのです。（45〜47頁参照）

また、道元は、『永平広録』「頌古《じゅこ》」に、玄沙師備《げんしゃしび》（八三五―九〇八）の「霊雲の悟りの因縁は、確かに真にその通りではあるが、あえて言わせてもらえば、まだ徹底しているとは言い難い」という言葉をつけ加え、二首ほど作頌しています。

その一首に「晩春の候、桃李の葉が緑に、花が紅に艶を競うように彩《いろどり》をなす、それは百世の昔より、春になれば繰り返す当然のことなのだ」と、頌しています。

花は愛され、惜しまれながら散り、草は抜かれ棄てられ嫌われても生い茂ります。しかし、それは、あくまでも人の主観で、あるがままにある草花には関係なく、草木国土に仏をみる仏法からすれば、命は美しく咲く花にのみあるのではなく、嫌われて生い茂る草にもあることを痛感させられます。霊雲が咲き誇る桃の花に悟道し、如浄がその散るところに悟道の極を見、道元が「花は愛惜《あいじゃく》に散り、草は棄嫌《きけん》に（すてられ嫌われても）おうるものなり」（『正法眼蔵』「現成公案」巻）と言うのは、あるがままのすがたに仏をみる仏法の真実のありようなのです。

㉖ 求道の精神は一瞬も乱れず

五十四年　第一天を照らす
箇《こ》の踔跳《ぼっちょう》を打《た》し　大千《だいせん》を触破《しょくは》す
咦《いい》
渾身覓《こんしんもと》むるなし　活きながら黄泉《こうせん》に陥《お》つ

【現代語訳】　五十四年の生涯　正伝の仏法で天下を照らし続けた
躍り上がって　大千世界を突き破った
咦《いい》（言葉では表現できない嗟嘆《さたん》の語）
もはや何も求めるものもなく　生きながら黄泉《こうせん》に落ちても
何の悔いもない

（『三祖行業記《さんそぎょうぎょうき》』）

建長四年（一二五二）七月、道元は身体に微疾《びしつ》を感じ、九月一日以後、その上堂（説法）を前年の三分の一に減らさざるを得ないほどに身体が衰弱しました。翌年正月、「八大人覚《はちだいにんがく》」巻を示衆《じしゅ》した（106～109頁参照）のち、その病状は、誰の目にもただならぬものに映り、とくに道元の一番の外護者《げごしゃ》、波多野義重《はたのよししげ》をはじめ宿縁の人々は、道元の病気の重いことを憂慮し、上洛して治療することを勧めて止みませんでした。

道元は、七月十四日、永平寺の住職を、その最高の弟子懐弉《えじょう》に譲り、第二祖としてその嗣承を明らかにし、自ら裁縫した袈裟を付与します。懐弉は、道元が正師如浄から嗣いだ嗣書を確実に相承したのです。

そして、ついに八月五日に上洛する決意をかため、「十年飯《はん》を喫す永平の場《じょう》、七カ月このかた病床に臥す、薬を人間《じんかん》に尋ねてしばらく出喬《しゅっきょう》す、如来手を授して医王に見《まみ》えしめん」とその心境を詠じています。

八月五日、道元は懐弉たちを随伴して永平寺を出発し、木《き》の芽峠《めとうげ》を越えて若狭を過ぎ、丹波を経由して京に入ったのです。途中、木の芽峠では「草の葉に　首途《かどで》せる身の　木の目山　空に路ある　心地こそすれ」と詠じ、八月中旬、京都に到着。高辻

の西洞院の俗弟子覚念《かくねん》の邸に寄寓、治療に専念します。が、一向に快復せず、八月十五日中秋の日、皓々たる満月に誘われて、

　また見んと　おもいし時の　秋だにも　今宵の月に　ねられやはする

と詠じます。病状が悪化の一途をたどるある夜、室内を経行《きんひん》（静かに歩む）、低声に『法華経《ほけきょう》』の「如来神力品《にょらいじんりきぼん》」の一節を誦し、これを前面の柱に書し、さらに「妙法蓮《みょうほうれん》華経庵《げきょうあん》」と書き、筆をおきます。

建長五年八月二十八日、寅の刻（午前四時頃）。道元は、静かに身体を起こすと、
「五十四年、照第一天《だいいってんをてらす》、打箇𨁝跳《このぼっちょうをたし》、触破大千《だいせんをしょくはす》、咦《いい》、渾身無覓《こんしんもとむるなし》、活陥黄泉《いきながらこうせんにおつ》」
と遺偈《ゆいげ》を書し了《おわ》り、筆をおいて入滅しました。五十四歳の生涯でした。

道元は、その遺偈を、正師如浄の「六十六年、罪犯弥天《ざいほんみてん》、箇の𨁝跳を打して、活きながら黄泉に陥つ。咦。従来、生死も相かんせず」を踏襲したのです。道元の正師如浄は、道元のその死の瞬間まで道元とともに生き続けたのです。五十四年の生涯、道元は、釈尊から嫡嫡相承《てきてきそうじょう》され、如浄に至った正伝の仏法をもって、ありとあらゆる世界を、言語思惟を超絶した非言語の世界を説破し照らし続けました。名利を否定し、

世俗的な欲望や政治権力との一切の妥協を排し、純然たる普遍的な個の人間形成そのものを目指した道元の求道の精神は、生涯一瞬たりとも乱れることはなかったのです。

道元の遺偈は、まさに正師如浄の仏法を確実に継承した証でもあるのです。

「涅槃は無窮の実在、生は一時の位、死も一時の位、生を究尽《ぐうじん》して死を参得す」と示衆はされていても、義重は天を仰ぎ、地に伏して嘆き悲しみ、懐弉は気を失い、小半刻ほど意識が戻らず、覚念ほか道俗の弟子たちは、悲嘆のあまり、打ち伏して泣き崩れました。

懐弉たちは、悲しみの中で荼毘に付すと、九月六日に京を発ち、五日後の九月十日に永平寺に到着します。翌々日の九月十二日、入涅槃の儀式をしめやかに執り行い、遺骨は、永平寺の西隅に納め、そこは「承陽殿《じょうようでん》」と名づけられました。

懐弉は、以後、承陽殿において、日夜、道元が生きているかのように仕え、上洛に際して授与された道元が自ら縫った袈裟を以後二十八年間、その身から離すことはなかったのです。

《道元のキーワード ③》

上堂《じょうどう》 禅寺の住職が法堂の須弥壇《しゅみだん》上から修行僧たちに法を説く禅寺特有の説法形式をいう。宋代では、四節上堂、五参上堂（五日ごとの上堂）が定着。日本での上堂は道元が最初である。

小参《しょうさん》 禅寺の方丈（住職の居室）にあって、修行僧が住職より親しく教えを受けること。その内容は、宗要から日常生活に至るまで委細に及ぶ。

偈頌《げじゅ》 仏徳や仏祖をたたえて、または仏法や教義を、漢詩の形式をもって詠じた詩。

法語《ほうご》 師家《しけ》が仏道修行者を教え導くために仏法の道理を懇切に説いたもので、漢文・和文・韻文・散文など種々様々なものがある。

示衆《じしゅ》 師家が大衆僧に垂示すること。説法。

語話《ごわ》 仏法の真実を極めた仏祖の言動や説示。

尋師訪道《じんしほうどう》 正師を求めて諸方に行脚し仏道の要旨をたずねること。

空手還郷《くうしゅげんきょう》 道元が深草興聖寺における上堂で示した言葉で、自らが正法の仏法の伝持者であると宣言した一句。かつて中国に留学した僧たちは、いずれも多数の経典や仏像を携えて帰国したのに対し、道元は本師如浄から伝えられた正伝の仏法そのものを体認し伝えた、という自負を表す言葉でもある。

眼横鼻直《がんのうびちょく》 眼は横に、鼻は縦にまっすぐについているという現実のあるがままのすがたを示した言葉。法が法位に住している、つまり、それぞれ異なる相《すがた》や用《はたらき》を持ちながらあるがままの正伝の仏法の姿を示していることをいう。

Ⅳ

愛語

27 善を行うものは苦や迷いから離れる

只《ただ》、他《かれ》のために説く、修善《しゅぜん》のものは昇り、造悪《ぞうあく》のものは堕《お》つ、修《しゅ》因感果《いんかんかんか》、専《せん》を抛《なげう》って玉《ぎょく》を引くのみなり、と。

【現代語訳】 私は、ただ彼らのために、「善行をなすものは一切の苦や迷いをはなれ、悪行をなすものは苦しみの世界に落ちるという事実と、仏法には、因果の道理があるから、専《まよい》をなげすてて玉《さとり》をうることが一番重要です」ということを説いてきただけなのです。

（『永平広録《えいへいこうろく》』巻三）

道元は、宝治元年（一二四七）八月三日に永平寺を出立し、鎌倉に赴き、六カ月ほど滞在、翌年三月十三日に帰山しました。この表題の言葉は、その翌日、法堂《はっとう》に上って行った上堂《じょうどう》（説法）にあります。

道元の鎌倉行化《かまくらぎょうけ》（鎌倉への教化の旅）は、北越入山五年後になされた歴史的事実で、その滞在はわずか半年ばかりでしたが、道元の正伝の仏法の本質を考える場合、優れた多くの研究を生む要因になると同時に、資料不足から生ずる多くの憶測や俗説を提供してきました。

その一つに、道元の鎌倉行化などということは、深山幽谷に処して、一切の権勢へ近づくことを否定し、「山居《さんご》」（175頁参照）に徹するとした道元の根本的な立場に反するものではないのか、という説があります。つまり、道元の鎌倉行化はその主旨と行動とが全く相反し、不徹底さを示すものであるとし、鎌倉行化は道元の意に満たぬものであって、この説法の言葉は失意の帰山の語と解釈されるというのです。

はたしてそうなのでしょうか。道元の行動を先のようにのみみるならば、道元の鎌倉行化の背景には、道元の鎌倉での俗的な野望が隠されていたことになります。

また、道元の北越入山は、正伝の仏法に徹底するためではなく、天下に名を売るために行われたことになります。はたして、道元の北越での「山居」というのは、時流に迎合し、あわよくば権勢に近づくような、軟弱なものであったのでしょうか。

かつて、道元はその興聖寺《こうしょうじ》時代に、仏法興隆のために「関東に下向すべし」と勧められたとき、「もし仏法に志あらば、山川紅海《さんせんこうかい》を渡っても来《きた》って学すべし」とまで言って拒絶しました。さらに、仁治三年（一二四二）の『正法眼蔵』「行持」巻下では、正師の如浄《にょじょう》が、皇帝からの紫衣・師号を謹んで辞退した態度を心よりたたえ、名利権勢に近づくことを忌み嫌いました。

道元は、そうした仏道の徹底を期するために、北越入山という行動に徹したのです。道元の鎌倉行化は、道元の本意であろうはずはなく、それは、確たる資料を欠く現在、当時鎌倉に在住していた永平寺の大檀那波多野義重《はたのよししげ》の懇請、つまり、前年、三浦一族を殲滅《せんめつ》させたことによる、時の若き執権北条時頼《ときより》の精神を救済してほしいという懇請による、万やむを得ざる行動と理解せざるを得ないのです。

道元は、鎌倉ではいかなる権勢にも、また誰に対しても一切こびて説法したわけではありません。そこで説いたのは、仏教の基本的理念である因果の道理のみであることを、あえて帰山翌日の「上堂」という場で直ちに判然と表明したのです。

道元の因果観は、修行の因においてのみ悟りが得られるという「善因善果」、怠れば悟りは得られないという「悪因悪果」で、因果の道理こそが真実の仏法の根本理念であることを判然と示しているのです。そして、表題の言葉に続けて、「それこそは、道元が正伝の仏法の伝持者として、仏法を、確実にあきらかに悟り（明得《めいとく》）、正しく十分に説明することができ（説得《せっとく》）、あきらかに疑いもなく身につけ信じ（信得《しんとく》）、さらにそのままきちんと行じてきた（行得《ぎょうとく》）ことであった」と、裏付けているのです。

とくに、道元のもたらした正伝の仏法は、智慧を媒介とする「信」に基づく「行」の実践において真実相をあらわしているものであり、「只管打坐《しかんたざ》」（ひたすら坐禅すること）によってのみ真実の理解に至るといっても過言ではないのです。自身の仏法のありようを、当時、言葉でここまで表現した人はいません。ですから、鎌倉での半年はあくまでも予定の行動で、それ以外には何の意図もないのです。あるとすれば、「我《われ》、山を愛する時、山、主《ぬし》を愛す」と頌した思いのみなのです。

㉘ 女人なにのとがかある、男子なにの徳かある

女人《にょにん》なにのとがかある、男子《なんし》なにの徳かある。悪人《あくにん》は男子も悪人なるあり、善人《ぜんにん》は女人も善人なるあり。聞法《もんぽう》をねがい出離《しゅつり》をもとむること、かならず男子女人によらず。

【現代語訳】女性に何の罪があるのですか。男性に何の徳があるのですか。悪人は男性にもいるし、善人は女性にもいます。仏法を聞きたいと願い、迷いを離れたいと求めるのは、男性女性を問わないのです。

(『正法眼蔵《しょうぼうげんぞう》』「礼拝得髄《らいはいとくずい》」巻)

道元の際だった女性観が見られるのは、『正法眼蔵』「礼拝得髄《らいはいとくずい》」巻です。「礼拝得髄」という題名は、中国禅宗第二祖神光慧可《しんこうえか》が自分の臂を断ってまで仏法を求めた激しい求道の精神の故事に因むものです（44～47頁参照）。この巻に展開される主旨は、そのような仏道を真剣に求める「慕古《もこ》の志気《しいき》」を背景とした、師から資（弟子）へ継承される悟りの真実のありようであり、そのなかに道元の女性観が懇切に示されます。

道元は、まず、真の善知識（正法を説いて人を正しく導く師）に合うことの難しさを語り、「その善知識に巡り合うことができたならば、自分の身心を基本にしてどこまでも仕えるのです。それは法に巡り合うのはまれだからです。それこそが、法を重くして、身を軽くする所以なのです」と述べます。

そして、「今の大宋国をみると、久しく修行してきたらしい僧侶たちのなかには、いたずらに海の砂を数えるような学問をして、迷いの海に流浪しているものがいます。女性であっても、善知識を尋ね、弁道功夫《べんどうくふう》（修行）を重ね、人天《にんでん》の導師になっているものもいるのです」と言をつぎ、「今の僧どもはどうだ。あるものは『われは大《だい》比丘《びく》なり、年少の得法《とくほう》を拝すべからず』、あるものは『女性の得法者を拝すべからず』

と言っていますが、なんと愚かしいことよ」と言って、当時の中国の弊風、さらに日本の仏教界における女性の処遇の愚かしさに対して語気を強めて酷評しています。

そのなかの「至愚のはなはだしき人の思い」とは、女性を淫欲の対象としてのみ見ている世間の人のことであって、「仏教者はそうであってはならない。女性を淫欲の対象として忌むのであれば、男性も同じであろう」と言うのです。また、「唐の時代でも愚か者がいて『生生世世《しょうじょうせぜ》、ながく女人を見ず』と願をかけた僧がいたが、その願は何の道理によるのか、世間の道理か、仏法の道理か」と糾弾し、表題の一節のように断言しているのです。

さらに、「日本国に、ひとつの笑いごと」があるとして、当時のわが国の女人禁制の「結界《けっかい》」に対して痛烈な批判をしています。「わが国には、結界の地と称し、あるいは仏の道場と称して女性や尼僧を入れないという邪風が長く伝わり、人はそれが邪風と気づきません。学者も改めようとせず、知識人も考えてもみません。勤者《ごんざ》（仏・菩薩が衆生の教化のために仮に身を現した者。化身・権化・権現）の決めたこと、あるいは古人の風習であるといって論ずることもないのは、全く笑止千万で腸《はらわた》が千切れるほどにおかしなことです。古いからといって改めてはならぬ仏法などあるのでしょうか。釈尊の在世の集会《しゅうえ》には、比丘《びく》・比丘尼《びくに》（出家した男女の僧）・優婆塞《うばそく》・優婆夷《うばい》（在家の男女の信者）の四衆がいました。釈尊在世のころの集会に勝る結界はありません。仏の集会のありようは、どの世界でも、また三世の諸仏によって異なることはないのです。異なる法式があれば、それは仏の集会とはいえないのです」と。

そのように、当時の結界という邪見を論破し、最後に、結界にとらわれているのは、小さな境界を大きな世界と思い込んでいるのであるから、真実の仏法の根幹を見誤らないでほしい、と結論づけています。

道元をして、「たとい七歳の女流なりとも、四衆の導師」、また「女人なにのとがかある」と言わしめ、「わが国に笑いごとあり」として結界を指弾するその胸奥には、中国および日本の僧界、そして世間にはびこる、あまりにも愚かな女性処遇の弊風に対して看過することのできない強烈な思い、つまり、仏法の前には生きとし生けるものがすべて平等であるという、正法の仏法の伝持者としての、確たる信念があったのです。道元の「法を重くする」仏法の前には、男女の区別はあり得ないのです。

㉙ 仏性は時節である

いわゆる仏性《ぶっしょう》をしらんとおもわば、しるべし時節因縁《じせついんねん》これなり、時節若至《じせつにゃくし》というは、すでに時節いたれり、（中略）しかあればすなわち時節すでにいたれば、これ仏性《ぶっしょう》の現前《げんぜん》なり、（中略）およそ時節の若至《にゃくし》せざる時節いまだあらず、仏性《ぶっしょう》の現前せざる仏性《ぶっしょう》あらざるなり。

【現代語訳】 仏性を知ろうと思うならば、時節の因縁がそれであることを知らねばなりません。「時節もし至れば」というのは、すでに時節が至っているのです。（中略）したがって、時すでに至るのであれば、それこそ仏性がそこに現れているのです。（中略）時が至らないなどということはなく、仏性が現前しないということはないのです。

（『正法眼蔵《しょうぼうげんぞう》』「仏性《ぶっしょう》」巻）

従来、「仏性《ぶっしょう》」というのは、主に、すべての人が仏になり得る可能性であるとか、人に内在する潜在的素質あるいは心性として説かれていました。しかし、道元は、そのような可能性や仏教以外の教学のいう、常住不変な実体としての我《が》を仏性と見ることを避けて、草木国土・日月星辰《じつげつせいしん》のすべてがありのままに仏である、と示しています。

この一節が説かれる『正法眼蔵』「仏性」巻の冒頭、『大般涅槃経《だいはつねはんぎょう》』の「一切衆生《いっさいしゅじょう》、悉有仏性《しつうぶっしょう》」という言葉についても、一般的には「一切の衆生は、悉《ことごと》く仏性有り」と読み、「すべての人に仏性が備わっている」という平凡な解釈がなされています。しかし道元は、「一切は衆生にして、悉有《しつう》なり仏性なり」と読んでいるので、仏性をもつとされるその範囲が、ありとあらゆるものの存在にまで広がり、その仏性は無限の広がりをみせるのです。

ところが、江戸時代の臨済僧無着道忠《むちゃくどうちゅう》は、「永平（道元）古語を引きて、句読を誤る」と言って、漢文を読み誤る以上、その解釈は当然誤っていると非難しています。しかし、こうした見解こそが、旧態依然とした解釈に滞り、仏法のなんたるかを見誤っていると言わねばなりません。道元は、漢文を誤読などしてはいないのです。

道元の漢文読解力は、幼少の時から養われ、入宋することによって生きた漢文（中国語）に接し、さらに磨きがかけられています。とくに、当時の日本になかった「悟り」の概念、実態を日本語で書いた『正法眼蔵』には、普通の漢文の読み方を超えて、仏法を語る場合が多いのです。それは、仏典解釈上画期的な表現方法でもあるのです。

さて、道元は、仏性と時節因縁について、次のように説示しています。

「いま仏性の義を知りたいならば、ということは、それはただ知るのみのことではありません。行《ぎょう》じよう、証《あか》そう、説《と》こう、忘れようとするならば、ということです。その説・行・証・忘も、あるいは錯《しゃく》も不錯《ふしゃく》等もすべては時の関係なのです。その時の関係を観るには時の関係をもって観るのであって、種々の智をもっては観がたいのです。時節もし至れば、というのは、昔も今も、いつか仏性が現れる時があるであろうから、その時を待つものだと思いこんでいるのです。そして、そのように修行していけば、自然と仏性が目の前に現れる時期もあるはずで、その時期が来なければ、いくら師に参じ、法を問うても、弁道功夫しても現れはしないのです。そのように思って、なすすべもなく俗塵に身を沈め、空しく時を過ごすような人びとは、おそらくは正しい仏教を知らない輩なのです」と。

そして、「仏性の義を知らんと欲せば」というのは、「まさに仏性の義を知るべし」ということです。「まさに時節の因縁を観ずべし」というのは、「まさに時節の因縁を知るべし」ということです。それゆえに、仏性を知ろうと思うならば、「時節の因縁がそれであることを知らねばならない」として、「時節もし至れば」というのは、「すでに時節が至っているのです」ということであり、「もし至れば」というのは、ほんの少しの時も空しく過ごしてはならないということであり、「もし至れば」というのは、すでに至る、と同じなのです。もし、「時、至れば」と待つならば、仏性はついに至らないことになるでしょう。したがって、時すでに至るのであれば、それこそ仏性がそこに現れているのです。時が至らないということはなく、仏性が現前しないということはないことになります。

われわれは、「まだまだ、時節因縁が熟さない」、「すべては、時よ、時節よ、である」などという便利で安易な言葉に酔って、いつやって来るかわからない時節、そして因縁が熟すのを待ち続け、空しく時を過ごしているのです。

30 説法は時に応じたものであれ

それ説法は、直《じき》にすべからく応時応節《おうじおうせつ》なるべし。もし応時《おうじ》せずばすべてこれ、非時閑語《ひじかんご》なり。

（『永平広録《えいへいこうろく》』巻二）

【現代語訳】 説法というのは、時に応じ、節に応じたものでなければなりません。もし、時に応じたものでなければ、それはすべて無駄話なのです。

道元は、この短い言葉のなかで、説法の真のあり方をみごとに語っています。

禅仏教は、中国における移入仏教を中心とした、長い間の翻訳仏教、およびその解釈や註解を中心とする学問仏教に飽き足らず、中国特有の儒教や土着の信仰を土台とした現実主義に基づく実践的仏教として成立しました。

ですから、禅仏教というのは、単なる思想でもなければ哲学でもなく、確固とした信仰を背景とした宗教として台頭したものです。

禅仏教の一大特色は、打坐《たざ》（坐禅）から悟りに至る道、さらに「打坐即悟り」を中心として、人と人との関係を最も重んじて受けつがれて展開されたのです。

仏法の嗣続《しぞく》（継承）という点では、師と資（弟子）が相対して、「証契即通《しょうかいそくつう》」、つまり、弟子の証《さとり》が師の証に相かない、師資が一体となって仏祖の命脈に通ずることが重要でした。言い換えれば、禅仏法は、師匠と弟子とが目の当たりに相見すること（面授《めんじゅ》）によって嗣続されなければならないのです。その真骨頂は、悟りの証明として「嗣《し》書《しょ》」という形に凝縮され、師匠から弟子へと伝えられているところにあるのです。

また、その真髄の一面は、師資の関係、およびその言動と因縁を、言葉で集積した中国独自の「語録」という形で表現され、伝えられています。

達磨大師以来、禅者たちは、禅的境涯にいたる参学のしかたが、知的遊戯《ゆげ》に陥る危険があるからこそ、種々に工夫してきたのです。

禅の真実が、師資相伝《ししそうでん》によって、師から弟子へと純粋に伝えられるのですから、随身《ずいしん》というかたちが求められたり、提唱（宗旨の大要を説くこと）を聞かせたり、問答したり、その人の禅機《ぜんき》（悟りを得るための機縁）を目覚めさせるために苛酷なまでの修行を求めたのです。

ですから、説法する立場にある師が、言葉で集積して後人に伝える「語録」という表現形式で伝承された字句を誤って伝えることは、決して許されません。とくに「仏のいえ」に全身全霊を投げ入れて、懸命に弁道・修行している学人たちに、時節因縁を得ない説法をすれば、その身を誤らせることになります。それでは禅的真実には到底至ることはできません。また、字句にのみ拘泥し、そこに止まった教示であれば、それは単に学的な単純解釈に過ぎないのです。それでは、道元が最も嫌う、大海の砂を一粒一粒数えている間に大海という本質を見失う人の説法となってしまうのです。

仏教を悟りの宗教ではなく、単に知性の宗教であるなどと標榜したり、禅の語録類等の、文字では表現できないところを、謎解きであるとして、他学を背景とするわずかな知識を基準として理解したり、奇妙なたとえ話などで解釈すると、その多くの場合が誤解を招く原因となるのです。

そのような懸念があるからこそ、道元は、上堂で、次のように説示するのです。「いわゆる、悟りは、はなはだ容易に領覧《りょうらん》せざるなり。思量分別の能《よ》く解《げ》する所にあらず。聡明利智の暁了《ぎょうりょう》する所にあらざるなり」と。

つまり、いわゆる悟りは、簡単に容易に得られるものではありません。考えただけで結論が出るものでもなく、世間の常識的な知識のみで理解できるものではありません。また、聡明だからといって明らかにすることができるものでもありません。

だからこそ、道元は、説法は、人に対して応時応節、時節因縁に適応しなければ、それは単なる無駄話で意味をなさない、と言うのです。

邪師には、その人の機根《きこん》を見抜けるはずがなく、時節因縁に基づかない邪説を展開するところには、正伝の仏法の真の継承は決してあり得ないのです。

㉛ 愛語のある生活を実践する

愛語《あいご》というは、衆生《しゅじょう》をみるにまず慈愛《じあい》の心をおこし、顧愛《こあい》の言語《ごんご》をほどこすなり。おおよそ暴悪《ぼうあく》の言語なきなり。

【現代語訳】 愛語というのは、人々に接する際には、まず慈愛の心をおこし、慈《いつく》しみと愛のある言葉をもって話すことなのです。およそ乱暴で悪意に満ちた荒々しい言葉などではないのです。

（『正法眼蔵《しょうぼうげんぞう》』「菩提薩埵四摂法《ぼだいさったししょうぼう》」巻）

『正法眼蔵』に「菩提薩埵四摂法《ぼだいさったししょうぼう》」という巻があります。

菩提薩埵は、略して菩薩。菩薩とは、自ら菩提を求める一方、人々を導き仏道を成就させようという修行者をいいます。四摂法とは、仏の慈悲の光が迷い苦しんでいる人々を救う四つの方策です。ですから、「菩提薩埵四摂法」は、人々の迷苦を救う行願を実践修証する菩薩が、一切の人々を救済しようとする心がけを、

布施《ふせ》（むさぼらず、へつらわず、物心を惜しみなく与える）
愛語《あいご》（慈愛にあふれた心をもって、思いやりのある言葉をつかう）
利行《りぎょう》（身体のおこない、口に出すこと、心に思うことの三つの善行によって人々に利益を与える）
同事《どうじ》（他人と心を一つにして和合すること）

の四つの項目に分類したものなのです。

さて、それでは、愛語とはどのようなことをいうのでしょうか。

道元は、表題の言葉に続けて次のように言います。

「俗世間では、相手の安否を問うという礼儀があり、仏道にも、ご自重ご自愛くだ

さい、お大事にという意味で『珍重《ちんちょう》』と言い、また目上の僧に対して、ご機嫌いかがですかという意味で『不審《ふしん》』という言葉を使う礼儀があります。人々を慈しみ愛すること、赤子に接するような思いを心中にいだいて言葉をかわすことが愛語なのです。

徳のある人は褒めるべきであり、徳のない人は哀れに思いなさい。そのような愛語に気づきそれを日常的に使うところから、その人のなかで、次第に愛語が成長し、日ごろは、自分でも思ってもみなかった愛語が自然に現れ出てくるのです。この世に命のある限り、不退転の決意をもって愛語すべきなのです。怨敵《おんてき》を降伏《ごうぶく》し、君子を和睦させることも、愛語を根本とするのです。

心のこもった慈愛に満ちあふれた言葉を、直接耳にするのは実に気持ちのよいものです。顔が自然とほころび、楽しくなります。また、間接的にでも、愛語を聞けば、その人の真実の心根が思いやられ忘れられません。それを肝に銘じ、魂をふるわすことになります。そのような愛語は、愛心《あいしん》よりおこり、愛心は慈心を種子とするのです。愛語こそが、よく廻天《かいてん》の力あることを学ぶべきなのです。愛語は、ただ単に、能力があることを褒めることではないのです」

さて、われわれはこうした愛語に基づく日常生活を実践しているかというと、「言うは易く、行うは難し」というのが実感ではないでしょうか。

われわれの日常生活、なかんずくコミュニケーションは言葉によって成立しています。ところが、世界にもまれな自由を謳歌する現代日本の社会では、自己中心的で自己愛にのみとらわれた言葉づかいや表現が知らず知らずのあいだに横行しています。面と向かっては罵詈雑言をあびせ、陰では暴悪の言葉のかぎりをつくして平然としています。それが、自由な国の自己主張とばかりにもてはやされる風潮になっているようです。それでは、人の心は荒むばかりです。表現の自由という大義名分のもとになされる言葉の暴力は、武力による暴力ほどに外見的には目立つものではない半面、心に深くよどみ、とめどもなく広がります。そして、武力と同じように連鎖的に、言葉の暴力が言葉の暴力を生んでいきます。

言葉はたかが言葉ではないのです。実存哲学のハイデッガーは、「言葉は存在の家である」とまで言いました。自分自身を、そして他人の存在を正しく認識する言葉こそは、まさに愛語でなければならないのです。

32

布施とは人として生きる条件である

その布施《ふせ》というは、不貪《ふとん》なり。不貪というは、むさぼらざるなり。むさぼらずというは、よのなかにいうへつらわざるなり。

【現代語訳】 その布施というのは、不貪のことであり、不貪というのは、むさぼらないことです。むさぼらないとは、世の中でいう、へつらわないということなのです。

（『正法眼蔵《しょうぼうげんぞう》』「菩提薩埵四摂法《ぼだいさったししょうぼう》」巻）

『正法眼蔵』「菩提薩埵四摂法」巻の言葉です。その冒頭に、「一つには布施、二つには愛語、三には利行《りぎょう》、四つには同事《どうじ》」と挙げられ、最初に説示したのが、布施なのです。菩提薩埵（菩薩）は、自ら菩提を求める一方、人々を導き仏道を成就させようという修行者で、四摂法とは、仏の慈悲の光が迷い苦しんでいる人々を救う四つの方策です。つまり、「菩提薩埵四摂法」とは、菩薩が衆生を済度するために心がけるべき、「布施」（むさぼらず、へつらわず、物心を惜しみなく与える）、「愛語」、「利行」、「同事」の四つの項目のことです。（141頁参照）

布施というと、何か物を施すこと、現代的には、とくに単に法事の時にお坊さんにお経をあげてもらい、その対価として支払うものという認識が強いようです。確かに、それも布施の一つではありますが、古来、最上の布施というのは、「三輪清浄《さんりんしょうじょう》（三輪空寂《くうじゃく》）」の施といいます。三輪とは、施者（布施をする人）、受者（布施を受ける人）、施《せ》物《もつ》（布施の財物・法）のことです。そして、この三輪に全く執着しないのが布施の本旨なのです。

こうした布施の本旨から、道元は、布施の基本的な精神を、むさぼらないこと、執着しないこと、へつらわないこと、つまり、布施をするとき相手に気に入られようとふるまわないこと、などに置いているのです。

道元は、不貪の行為は「捨てるべき宝を見知らぬ人にほどこす」ようなものだ、と言います。そして、われわれが前世からの因縁で、今生《こんじょう》にもっている資質も、布施そのものとします。たとえば、生まれながらにして穏やかな人は、人の心を和ませるし、美しい人は、本人が気づかなくても、人々を喜ばせることもあるのです。そうしたことは、相手に媚びへつらうことなく自身のもてるものを布施している、と道元は言うのです。

自分自身は、布施をするという資質を本来的に持っているために、現在、人として生きているのです。そしてその布施は、自分自身も受け、父母、妻子、そして他人も受けるのです。たとえ、それが至らぬ自分の行動であっても、それは、諸仏が積んでこられた功徳の一つとして、今、自分が行っていると喜ぶべきなのです。

さらには、「一句一偈《いっくいちげ》の法《ほう》」（極めてわずかな教え）で励まされることもあります。それも布施なのです。舟をつくって渡し場におくこと、川に橋をかけることも布施であり、この世の生活のいとなみすべて、布施でないものはないのです。花が風まかせに散ることも、鶏が時を告げることも、まさに布施そのものなのです。

そのようにみてくると、道元の布施に対する考え方は、われわれが今日的にいだいている浅薄な布施とは全く異なり、真摯な仏道によって導かれたものであることが頷かれます。この世界は施者と受者と施物のいとなみに満たされ尽くされているのが現実なのです。

道元は言います。

「一つの財をきっかけとして、それで人々の心が転換したなら、それを悟りにまで転じさせることができるのではないかと思います。その糸口が布施なのです。人間の心は変幻自在であり、また、物の価値の大小もはかることはできません。しかしながら、布施をするという心が、無用な物を有用な物へと転換し、物が与えられることによって、人の心が転換することがあるのです。それこそが、布施なのです」と。

㉝ 憎しみの心で他人の欠点を見てはならない

他人の非《ひ》に手かくべからず。にくむこころにて、ひとの非をみるべからず。他の非と我が是《ぜ》とを見ざれば、自然に上敬《かみうやま》い、下恭《しもつつし》むの、むかしのことばあり。またひとの非をならうべからず、わが徳を修《しゅう》すべし。ほとけも非を制することあれども、にくめとにはあらず。

【現代語訳】 他人の欠点をあげつらってはいけません。また、憎しみの心で人の欠点を見てはなりません。昔の言葉に、「他人の欠点を見ず、自分の良いところを見なければ、自ずと上の人も下の人も敬うようになる」とあります。また、人の欠点をまねてはならず、むしろ自分の徳を修めるべきです。仏も人の欠点を注意することはあっても、憎めと言っているのではありません。

（『正法眼蔵《しょうぼうげんぞう》』「重雲堂式《じゅううんどうしき》」巻）

この言葉は、『正法眼蔵』「重雲堂式《じゅううんどうしき》」巻にみられます。雲堂というのは、修行僧が集まって修行する場所で、僧堂のことです。雲水の数が増えて、僧堂に入り切れなくなると、別の僧堂が建てられることになります。それを重雲堂と呼びます。その重雲堂で生活するための規則を二十一箇条に定めたものが「重雲堂式」です。

では、道元が僧堂を増築し、「重雲堂式」を定めたのはいつ頃のことでしょうか。

道元は、嘉禄三年（一二二七）、中国より帰国し、京の建仁寺で三年過ごし、寛喜二年（一二三〇）の頃、深草《ふかくさ》の安養院に閑居して、「激揚の時をまつ雲遊萍寄《うんゆうひょうき》の生活」を送ります（26～29頁参照）。その頃から道元を慕って僧俗の人々が集まってきたようです。そこで、深草の極楽寺の旧跡に寺院建立を発願し、天福元年（一二三三）に落成し、観音導利《かんのんどうり》興聖宝林禅寺《こうしょうほうりんぜんじ》と名づけます。通称興聖寺《こうしょうじ》です。

この興聖寺は、道元が初めて開いた道場として極めて重要な意味を持ちます。その当時は、末法思想を背景として、念仏さえ唱えれば、誰でも成仏できるという専修念仏がもてはやされていました。しかし、道元は、嘉禎三年（一二三七）に、念願の僧堂を完成させると、この興聖寺こそは、正伝の仏法の坐禅を通して人々を救うことのできる純粋な禅道場と定めたのです。

道元は、「坐禅が正伝の仏法のすべてである」として、坐禅を宗旨として表明するとともに、それが仏道の正門であることを明らかにし、人々に坐禅を勧めたのです。「深草の興聖寺の僧堂では、本場中国のように正式な坐禅ができる」という話は、口伝えに評判をよび、この新道場で修行をしようと多くの人々が参集してきました。

博識で知られる無住道暁《むじゅうどうぎょう》（一二二六―一三一二）は、その著『雑談集《ぞうだんしゅう》』で、「仏法《ぶっぽう》房《ぼう》（道元）上人は、深草にて太唐《だいとう》のごとく広床《こうしょう》の坐禅はじめて行ず。そのときは坐禅めずらしきことにて、信ある俗等、拝し貴がりけり」と記すほど、その道場は評判になったのです。当時の人々は、日本で最初の中国式の僧堂で坐禅をする姿が珍しく、ありがたがって伏し拝んだのです。

参禅者の中には、法然門下の覚明房長西《かくみょうぼうちょうさい》、浄土宗鎮西義《ちんぜいぎ》の第三祖となった然阿良《ねんありょう》忠《ちゅう》、のちに臨済禅の一派を興すことになる真言宗の心地房覚心《しんちぼうかくしん》らの学僧や、大宰府の野公大夫などの儒学者などもいました。

道元は、修行者たちのために『学道用心集《がくどうようじんしゅう》』、『典座教訓《てんぞきょうくん》』、『出家授戒作法《しゅっけじゅかいさほう》』など、僧堂生活の規則や作法を積極的に説いてきたこともあって、興聖寺が次第に修行道場としての面目が整ってくると、参集する者がさらに増加しました。そのため一つの僧堂では収容しきれなくなり、道元は、僧堂を重ねて建設する必要に迫られたのです。

そこで、延応元年（一二三九）、重雲堂が完成すると、道元は、二十一箇条からなる「重雲堂式」を定め、第一条は、「この僧堂は、菩提心を起こし、名利を投げ捨てたひとが入るべきである」としました。これは、正伝の仏法を伝える日本で最初の禅修行道場であるための心がけであり、道元の強烈な念願でもありましょう。その他の条文には、僧堂で生活する上での細々とした規則が定められています。

この重雲堂が、僧俗混在であったかどうかは不明ですが、「酒に酔って堂内に入ってはいけない」という条文などがあるところをみると、在俗のものにも僧としての修行を課していたかも知れません。また、表題のような、他人の悪いところをあげつらうようなことは、仏道に励むべき僧堂のような共同体ではあってはならないことです。その精神の背後には、「愛語」の精神（140〜143頁参照）に基づく他への徹底した慈悲の思いやりがあるのです。

34 この世の名誉や富は一瞬のもの

浮生《ふしょう》の名利《みょうり》、ただ刹那《せつな》にあり。
寂滅《じゃくめつ》の因縁、あに長劫《ちょうごう》を待たんや。

【現代語訳】 この世での名声や富は、一刹那のものにすぎません。それらが消えてなくなるのに、長い時間など必要としないのです。

（『永平広録《えいへいこうろく》』巻八）

『永平広録』巻八「法語」編に、道元の法語は十四編収められています。「法語」というのは、師家《しけ》が仏道修行者を教え導くために仏法の道理を懇切に説いたもので、それには漢文・和文・韻文・散文など種々様々なものがあります。

日本では、在家信者に対して平易な説法を仮名書きで記した「仮名法語《かなほうご》」というものがあり、その最も古いものは、平安中期の恵心僧都源信《えしんそうずげんしん》の「横川法語《よかわほうご》」とされます。

鎌倉時代になると、新仏教の祖師方は布教のために、消息（手紙）の形で弟子たちに法語を与えていますが、道元の法語も、そうした範疇のものと考えることもできます。しかし、道元の十四編の法語はすべて漢文で、真摯な仏法参学者個人にあてたものも含まれ、道元の慈愛あふれる懇切な説示の言葉が多くみられます。なお、『永平広録』に所収の法語は、そのほとんどが入越以前（京都の興聖寺時代）に書かれたものであることが推測され、冒頭の法語も、その内容から、道元の深草《ふかくさ》閑居の時代のものかと思われます。

本法語は、とくに四六駢儷体《しろくべんれいたい》を基本にした格調高い漢文で表現されています。この四六駢儷体は、古来、中国においては、文章表現の雄といわれ盛んに用いられました。

日本においても、その文章表現の華麗さから、奈良・平安時代の漢文の多くがこの四六駢儷体を用いたのです。本法語は、そのレトリックが華麗に展開されているといっても過言ではありません。

道元は、おそらくは幼少の時からそのような文体に習熟し、造詣が深かったことがうかがわれます。ちなみに、道元が四六駢儷体によって表現した代表的なものには、日本最初の「坐禅儀」である『普勧坐禅儀』があります。

さて、道元は、表題の一節に続けて、次のように言います。

「それゆえにこそ、悟りを得、これを体認した聖人は、早くからその名を山野に免れ、悟りの岸に立ち、仏の位に入った賢士は、林川《りんせん》に身を寄せたのです。そこにおいて、仏法の究極を得ないことがあるでしょうか」と。

そして、それは釈尊の説かれた足跡を生死を超越して解決するからである、として次のように言います。「真に仏道を求める人は、出世間を躊躇してはなりません。だからといって、私（道元）は山林に執着し、望んで人里を離れることはしません。なぜなら赤々とした炉中にも蓮華は生まれ、青々とした天上にも白く輝く星もあるように、私には世間にいようが山川にいようが何の執着《しゅうじゃく》もないからです。（中略）一見華やかな名利栄辱にまみれた都会、その反対に荒れた砂漠も、もともと、悟りの敷衍された道場であるのです。色町や酒場が、仏法の接化《せっけ》の場所でないといえましょうか」と。

本法語では、この世の一刹那の名誉や富にかかわらず、世間と遠く離れ、山野林川に身を置く聖人や賢士に言及し、出家者として弁道（修行）するものに対して、その場に身を置くだけではなく、心のありようについて説かれているのです。

この法語が書かれた時期は、おそらくは、道元が、中国から帰国して三年過ごした京都の建仁寺から、平安朝以来、都人が静寂の地として悠々自適の月日を送った「うずら鳴く里」といわれた深草《ふかくさ》の里に移ったころです。そこはかつて道元が幼少の時代を過ごした松殿《まつどの》の別邸の近くであったのです。道元が「雲遊萍寄《うんゆうひょうき》」とした、この深草の閑居の時代は、うち続く大飢饉のなかで、後の『正法眼蔵』の総序ともいうべき「弁道話」巻を書き著し、その正伝の仏法を広めようとする「激揚《げきよう》のとき」を待つ時代でもあったのです（26〜29頁参照）。

《道元のキーワード④》

拈華微笑《ねんげみしょう》　あるとき釈尊が霊鷲山《りょうじゅせん》で一本の華を手にとって示したところ、摩訶迦葉《まかかしょう》がこれを理解し、にっこり微笑んだので、釈尊が付法した、という禅宗の伝説的故事。この故事は、宋代以降の禅宗において「教外別伝《きょうげべつでん》」、「不立文字《ふりゅうもんじ》」の立宗の基盤を示すものとして重用される。

只管打坐《しかんたざ》　「只管」とは「ひたすらに」の意味で、「只管打坐」とは、ただひたすら坐禅することをいう。ひたすら坐禅をすることに全身全霊を注いだ如《にょ》浄《じょう》の法を受けついだ道元は、只管打坐を強調した。

身心脱落《しんじんだつらく》　身も心もぬけおちること。身心が一切の束縛から解き放たれた自在の境地（大悟《だいご》）をいう。道元は、只管打坐が身心脱落で、坐禅を介して大悟するのではなく、坐禅の当体が身心脱落の姿である、とする。道元の大悟徹底の語。

修証一等《しゅしょういっとう》　修行と証（悟り）とが一体であるという意味。「修証不二《しゅしょうふに》」、「修証一如《しゅしょういちにょ》」ともいう。道元は修行は証《さとり》を得るための手段ではなく、「修《しゅぎょう》」のなかに「証《さとり》」を見、「証《さとり》」のなかに「修《しゅぎょう》」のあることを説いた。

看話禅《かんなぜん》　「看」は、じっと見守る、あるいは注視することをいい、「話」は古則公案のこと。古則公案をよりどころとして工夫・参究するところから「公案禅《こうあんぜん》」ともいう。黙照禅と称される曹洞宗の禅風に対する臨済宗の禅風をもいう。

黙照禅《もくしょうぜん》　中国宋代以後、臨済宗系の看話禅に対して、曹洞宗系の公案を用いない只管打坐の禅風をいう。宏智正覚《わんししょうがく》によって大成された。黙照禅は、坐禅を重んじ、しかもそれは悟りへの手段ではなく、本来あるがままの真実のすがたとする。

V

山水

35 山水の清らかさのなかで仏心を知る

依草《えそう》の家風《かふう》、附木《ふぼく》の心《しん》、道場《どうじょう》の最好《さいこう》は叢林《そうりん》なるべし。床一撃《しょういちげき》、鼓三下《くさんげ》。伝説《でんせつ》す、如来微妙《にょらいみみょう》の音《おん》。

【現代語訳】 草々にも真実の仏をみる正伝の仏法の家風。また、木々にも真実の仏心を知る。そのようなことを体認しうる修行道場として最も良いのは、わがこの叢林です。叢林では、禅牀《ぜんしょう》を打つ音、太鼓の音、そのような音声のなかにさえも釈尊の微妙な真実のみ教えが伝え説かれているのです。

（『永平広録《えいへいこうろく》』巻一）

道元は、わが国に最初に「上堂《じょうどう》」（説法）を取り入れたのは自身であることを、「日本国人、上堂の名を聞く最初は、永平《えいへい》の伝うるなり」と明言しています。

そのわが国で初めての上堂が行われたのは、嘉禎二年（一二三六）陰暦十月十五日、道元が京都深草に建てた観音導利興聖宝林禅寺、通称興聖寺《こうしょうじ》においてのことです。

その日、初冬の冷たく澄んだ空気が堂内に満ち、そこに居並んだ道元の弟子たちは、深閑とした静寂のなか、固唾《かたず》をのんで道元が上堂するのを待っていました。やがて、爽やかな鐘の音とともに、弟子の懐弉《えじょう》と寂円《じゃくえん》を侍者として従えた道元が現れ、法座に登ると、緊張した面持ちの弟子たちを一人ひとり確かめるように見回し、日本で最初の上堂の第一声を響かせたのが、表題の言葉なのです。道元は続けます。

「さあ、それでは、まさにこの時、そこのところを、興聖《こうしょう》の門下である大衆諸君はどのように表現しうるか」。道元は、しばし沈黙してから次のように言いました。

「洛南の深草《ふかくさ》の地にあるわがこの叢林は、たとえてみれば中国の湖南省の嶺南地方、湘江の南、潭水《たんすい》の北の黄金の国にも匹敵する絶好の場である。したがって、この叢林に一度入れば、人は誰でも真実の仏法に浸りきりうるのである」と。

それは、正師である如浄のもとで、自己を徹底的に抛下《ほうげ》して修行した道元が、自らの身体全体で体認した正伝の仏法の伝持者として理想とする禅林のありようが示されたものです。おりしも、法堂《はっとう》内に吹き込んだ一陣の清風が天蓋《てんがい》の鈴を涼やかに鳴らしました。この天蓋は天童山景徳寺のものを模したものでした。

時に、道元三十七歳、宋より帰国して早くも九年が経過していました。いや、単に九年の歳月がいたずらに経過したのではありません。この上堂を行うためには、当時の日本において明確に開示されていなかった仏法の「悟り」を日本語で表現して示すとともに、僧堂における正式の坐禅や法堂での行持・作法・進退などを通して「上堂」の本質を確実に理解させるための素地をつくらなければならなかったのです。さらには、正式に上堂するための場所を構築する必要もありました。そのために九年の歳月を必要とした、といったほうが正しいのです。

この「上堂」というのは、住職が法堂の法座の上から修行僧たちに法を説く禅林特有の正式な説法形式で、歴代の多くの禅者の「語録」はこの上堂語を収録しています。

道元の場合は『永平広録』に、その生涯にわたる五百三十一回の上堂が漢文で記録されています。それぞれの上堂語においては、正伝の仏法の真実を『正法眼蔵』の各巻の説示をも下地にして、様々な悟りの問題を取り上げて説示し、しばしば、「ことごとく知りたいと思うか」、「結局のところはどうなのだ」、「究極のところはどうだ」などと問いかけます。そして時には、払子《ほっす》（柄の先に獣毛などをつけた仏具）で円を画いて見せたり、禅牀《ぜんしょう》を打ったり、投げ捨てたり、拄杖《しゅじょう》（行脚の時に用いる杖）さえ放り出したりして、弟子たちに悟りのすがたを具現化して示し、さらに「良久《りょうきゅう》」という時間的空間を演出して、思考の場を与え、最後に七言二句の偈頌《げじゅ》（漢詩）をもって悟りの実践をしているのです。ですから、上堂語に接すると、道元が、今、あたかも私たちの目の前に現れ、法座から私たちに直に説法しているかのような熱い息吹と、その場の生々しい臨場感が彷彿として伝わってきます。それは、道元の上堂語が、彫琢された全く無駄のない言葉、そして詩的ですらある美しい言葉から構成され、それが時には鋭い語気となって私たちに迫ってくるからなのです。

道元の上堂における仏法の実践は、その師匠である如浄のもとで実体験し、自分自身が感動して極めた様式をそのまま日本で実行しているのです。

36 雪裏《せつり》の梅華《ばいか》

明星《みょうじょう》正《まさ》に現《あらわ》れ仏成道《ぶつじょうどう》、雪裏《せつり》の梅華只一枝《ばいかただいっし》、大地有情同草木《だいちうじょうどうそうもく》、未曾有《みぞう》の楽しみこの時に得たり。

【現代語訳】 明けの明星がまさに現れた、その時、釈尊は「悟り」をひらかれ仏陀となられました。それは雪の中の梅華がただ一枝咲いたようなものです。が、その一枝が咲いたがために大地の情識《じょうしき》をもつ生類《しょうるい》にも、そして草や木という無生物にも仏性が宿り、いまだかつて経験したこともない「悟り」という楽しみをこの時に得たのです。

（『永平広録《えいへいこうろく》』巻五）

この言葉は、建長元年（一二四九）十二月八日、釈尊の成道《じょうどう》（悟りをひらかれること）にちなむ上堂語（説法）の結句です。

道元は、この表題の結句の前に、釈尊の最初の説法を次のように紹介します。

「私（釈尊）は、昔なした功徳によって、心に思い続けてきたこと、苦からの解脱などはすべて現実のものとなったのです。速やかにかの禅定《ぜんじょう》の真実を悟り、また涅槃《ねはん》（悟り）の岸に至ったのです。ありとあらゆる諸々の怨敵、また、欲望の世界の最高の権威者である他化自在天《たけじざいてん》の魔王ですら、私を悩ますことはできず、ことごとく皆私に帰依しました。それは、私が、福徳・智慧の力をもったからにほかなりません。もし、よく勇猛に精進して、私の得たのと同じ福徳・智慧である聖智を求めるならば、それを得ることは難しいことではありません。それが得られれば、すべての苦しみがなくなり、一切の罪も消えるのです」と。

そして、道元は、釈尊の仏法を嗣ぐ法孫《ほうそん》としては、今後は、この釈尊の真の説法を知らないではすまされないとし、そのような経緯を知り得たものとして、表題の仏法嗣続者《しぞくしゃ》の決意表明を結句にしたのです。

道元は、釈尊が菩提樹下で悟りをひらいたその瞬間を、「悟りを持つ」という快楽が生まれたと言い、雪の中の玉のような梅はただの一枝であるが、その妙なる芳香が鼻をうつのは春に先立ってなのであるとも表現します。

道元が、「雪裏《せつり》の梅華《ばいか》」という語句を好んだことは、その弟子懐弉《えじょう》が、「当山は北越にあります。冬より春に至るにも積雪が消えません。時には七、八尺、あるいは一丈余り、随時増減します。また天童古仏（如浄）に『雪裏の梅華』の語があり、師（道元）は常にこれを愛しました」と、記したところにも知られます。

とくに、『正法眼蔵』「梅華《ばいか》」巻で、道元は、本師である如浄を、「老梅樹《ろうばいじゅ》」と表現し、厳しい雪の中の梅華にこそ三世諸仏に一貫する仏法の真実が現れていると賛嘆し、「今、その老梅樹から梅華が無数に開花し、それは清を誇らず、香を誇らず、散じては春の容《すがた》と作りて草木を吹く」と言い、如浄の梅華にちなむ上堂語を次々に挙げています。そして、その如浄の梅華は、霊鷲山《りょうじゅせん》において、釈尊が弟子の摩訶迦葉《まかかしょう》に示した優曇華《うどんげ》（三千年に一度咲くという華。真実の仏法のすがた）であり、三世諸仏に一貫する正法眼蔵（仏法の真髄）であると賛嘆し、それが今わが日本国に開花していると説示しています。

つまり、道元は、大地に漫々と降り積もった雪の中の老梅樹に、ありし日の本師如浄を投影して偲び、その本師より自分へと師資《しし》（師匠と弟子）一貫する仏祖の正伝の仏法、仏祖の真髄のはたらき、仏祖の魂の継承を感得しているのです。

ところで、釈尊が成道した月日については、南方仏教では、大体五月の初旬（ヴェーサーカ月の満月の日）とされています。中国・日本においては、諸説があって一致を見ないのですが、禅宗は、宋代頃から十二月八日を釈尊の成道日とし、この風習が現今の日本仏教の各宗派に採用されています。

日本におけるそうした礎を創ったのは道元で、道元はその経緯を、「日本国では、昔、仏生会《ぶっしょうえ》・仏涅槃会《ぶつねはんえ》が伝えられました。が、仏成道会《ぶつじょうどうえ》は伝えられず、行われていません。永平《わたし》が、初めて伝えてすでに二十年たちます。今より以後、未来永劫に伝えて行うべきです」と述べています。このように説示された十二月の成道会の上堂（説法）がなされたのは建長二年（一二五〇）のことです。この上堂の二十年前といえば、寛喜二年（一二三〇）で、それは、道元が、中国より帰国してより三年目のことになります。

37 仏法による永遠の平和を

世尊の道《い》えることあるは、是《これ》、恁麼《いんも》なりといえども、永平《えいへい》、道《い》うことあり。大家《たいけ》、証明せよ。良久《りょうきゅう》して云《いわ》く、天上天下《てんじょうてんげ》、当処永平《とうじょえいへい》。

【現代語訳】 釈尊は、そのように仰せられた。そこで、永平《わたし》も言明しよう。修行者諸君、諸君は、これから私の言うその真の意義を証明してみせなさい。道元はそのように言うと、しばし沈黙して、天上天下、当処永平（天上天下ありとあらゆるところ、その場その場が、正伝の仏法嗣続《しぞく》の場所として尽未来際《じんみらいさい》にわたり平穏である）と言ったのです。

（『永平広録《えいへいこうろく》』巻二）

この言葉は、寛元四年（一二四六）六月十五日、大仏寺を永平寺と改称する日の上堂語（説法）にみられます。

道元が、京都深草に開創した興聖寺を弟子にまかせ、在俗の大檀那波多野義重《はたのよししげ》の所領であった越前志比庄《しひのしょう》に移ったのは、寛元元年（一二四三）七月の半ば、道元四十四歳のことでした。

以後ほぼ二年の間、道元は、北陸特有の、「冬より春に至るも積雪消えず、あるいは七、八尺、あるいは一丈余、随時増減す」と記録される寒苦のなかで、吉峰寺《きっぽうじ》と禅師峰《しぶ》を往来しながら、『正法眼蔵』約三十巻余の示衆《じしゅ》（説示）をするという、仏法に対する驚嘆すべき凛然たる気概を示したのです。

その間、寺堂建立の計画が進められ、翌寛元二年、道元は、開堂供養式を行い、この寺を「大仏寺」と命名し、さらに寛元四年六月十五日、この大仏寺を「永平寺」と改称するための本上堂がなされたのです。それは、北陸入山四年目、大仏寺と命名してよりほぼ二年後、道元四十七歳の時の上堂です。

改称された「永平寺」という名称の由来は、永平寺五代義雲《ぎうん》（一二五三―一三三三）

が、嘉暦二年（一三二七）に撰したという永平寺の梵鐘銘に刻まれているように、中国への仏法初伝が後漢の明帝の永平年間という故事にならうものです。

大仏寺を改めて「永平寺」と名付けたこの事実こそが、日本における正伝の仏法の初伝開創の寺であるとの宣揚であり、この「永平」の本来の字義のように、その名のもとに正法が展開し興隆するとの意味を含むものなのです。道元は言います。

「天は仏の智慧あふれて高く清く澄みわたり、地は仏の智慧しみとおって厚く豊かに潤い、人は仏の智慧に導かれて心安らかです。なぜ、そうであるのかといえば、釈尊がご誕生なされ、一手は天を指し、一手は地を指さされ、あらゆる方角に廻りあるくこと七歩なされて、『天上天下《てんじょうてんげ》、唯我独尊《ゆいがどくそん》』と仰せられたからです」と。

そして、表題の一節に続くのです。

そうした道元の自負は、釈尊が「天上天下、唯我独尊」と宣言されたことにちなみ、「天上天下、当処永平」と言明したところにうかがえましょう。

この言明こそは、日本での仏祖正伝の仏法の開創の地である永平寺が、その法灯を絶やさず未来永劫にわたって不変に平穏であるという願いなのです。さらに、その仏法が、天上天下ありとあらゆるところに広く行き渡り、仏法の加護により世が平安であらんことを祈念してのものでもあるのです。

同時代の鎌倉新仏教の祖師方の多くは、自らの信ずる仏法を広宣流布するために世の汚濁にまみれざるをえませんでした。しかし、道元は、「天上天下、当処永平」と宣言し、「山居《さんご》」することによって、その正伝の仏法を嗣続《しぞく》せしめたのです。道元は、一切の世俗的妥協を排し、大衆《だいしゅ》（修行者）の多寡などは問題としませんでした。

道元は、山居のなかで行持することによって、仏仏祖祖の行履《あんり》（生活）に即した日常に徹し、永平寺を一箇半箇《いっこはんこ》（極めて少ない人）に正法の仏法を説得することを眼目とした厳峻な根本道場として確立せしめたのです。

それは、南宋暦の宝慶三年（一二二七）、道元との別れに際して如浄が述べたとされる、「国に帰って、化《け》を布《し》き、広く人天《にんでん》を利せよ。ただし、その際、城邑聚楽《じょうゆうじゅらく》に住することなかれ。国王大臣に近づくことなかれ。ただ深山幽谷におりて一箇半箇を説得し、吾が宗をして断絶せしむることなかれ」という、如浄最後の慈訓の実践そのものでもあったのです。

㊳ 月の光に釈尊を思う

雲水《うんすい》、すべからく知るべし、今日の秋月《しゅうげつ》、光明清涼《こうみょうせいりょう》にして、世間の闇を照らすは、あたかも是《これ》、世尊眼睛《せそんがんぜい》の因縁《いんねん》なり。

【現代語訳】 雲水たち、諸君よ、よく知らなければなりません。今宵の秋月の光明が清涼で、世間の闇を照らすのは、世尊の眼睛（無量無辺の大智慧）の因縁によるのです。

（『永平広録《えいへいこうろく》』巻七）

この言葉は、建長四年（一二五二）八月十五日の中秋にちなむ上堂語（説法）にみられます。「中秋」は、陰暦の八月十五日の中秋の節、いわゆる「十五夜」で、五月の端午の節と同様に重んぜられた節句で、古来観月の節とされました。

中秋の上堂は、『永平広録』中に比較的多く収録されています。

道元は、幼少のころから培われた詩心をも「詮なきこと」として払拭しようとはするのですが、その深奥から湧き上がるいかんともしようのない詩情を誘われる翫月《がんげつ》（月見）がよほど好きであったのでしょう。

道元は、本師如浄《にょじょう》古《こ》仏《ぶつ》が、清涼寺に住職した時の中秋の上堂で「雲散秋空《うんさんしゅうくう》、即心《そくしん》見月《けんげつ》、挙払子云看《ほっすをこしていわくみよ》」と三句で表現されたところを、弟子たちと、十五夜・十六夜・十七夜にちなみ偈《げ》頌《じゅ》（漢詩）をつくっています。また、同じく、「家《か》々《か》門前照明月《もんぜんめいげつてらす》、処々行人共明月《しょしょぎょうにんめいげつをともにす》、騎鯨捉月《くじらにのってつきをとらう》」と表現されたところも同様に偈頌をつくっています。さらには、「八月十五夜、月の前において、各々月を頌す」などからは、道元が、中秋の最中にあって、弟子たちといかにも喜々として作頌している雰囲気が伝わってくるのです。

ところで、道元は、この年の中秋に当たり、例年にないほどの感慨をもようしたものか、この上堂において、釈尊と月との因縁話、月にまつわる故事について、長口舌をふるっているのです。

「天界の魔王羅睺羅阿修羅王《まおうらごらあしゅらおう》が、不死の霊薬《りょうやく》（アムリタ）を飲んでいたところをヴィシュヌ神に首を斬られましたが、彼は霊薬を飲んだ頭部のみが不死となり、ヴィシュヌ神に告げ口をした太陽と月を恨み日食や月食を起こすことになります。はじめ羅睺羅阿修羅王は、月を飲み込もうとしたのですが、釈尊の説諭によって断念したからこそ、月の大光明が保たれているのです。それゆえ、今、月天子《がってんし》が天の五百歳の寿命を保っているのは、ただただ釈尊の救護のお陰なのです。つまり、かの天の寿命は、人間の五十年が天の一昼夜で、それに三十日をかけて月とし、その十二カ月を一年とした五百歳なのです。ということは、人間の世界では、約九百十二万年ほどになります」と、月の寿命についてまでも語っています。

そして、「今日の明月のその光は、釈尊その人の光なのです。それ故にこそ、その光を消してはなりません。それこそが仏祖の児孫《じそん》としてのつとめであり、それこそが釈尊のお諭しであり、それを守ることこそが伝灯であるのです」と、月の光を釈尊の光そのものであるとたたえ、最後に、偈頌《げじゅ》をもって次のように示しています。

「仏世尊の威神力により月宮殿は明るい、千の光の輝きが一時に生じたゆえに、人間は中秋の月をほしいままに愛するが、天上の月光は果てしなく、その半分で下界を照らす」

このような何か遺戒《ゆいかい》めいた上堂、しかも本上堂のように長い中秋の上堂は、数ある中秋の上堂のなかでもこれのみです。道元の伝記『建撕記《けんぜいき》』に、「今夏《こんげ》ノ比《ころ》ヨリ微疾マシマス」とみられるように、今夏の頃より兆した微疾《びしつ》を重大なものと感じられ、中秋の上堂は、この日が最後となることを予感された故でもあったのでしょうか。人間の五十年は、かの天の一昼夜に過ぎないとする月天子の寿命の計算などには、そうした予兆や感慨がうかがわれもします。ちなみに、翌年の建長五年の中秋の節は、やむを得ず療養のために滞在した京都で迎え、

　また見んと　おもいし時の　秋だにも　今宵の月に　ねられやはする

と詠じ、十三日後の八月二十八日に入般涅槃《にゅうはつねはん》（示寂）します。

39 修行には静寂な山林がふさわしい

夜坐《やざ》更闌《こうた》けて眠り未だ至らず　いよいよ知る弁道《べんどう》は山林《さんりん》なるべし
渓声《けいせい》耳に入《い》り月眼《まなこ》を穿《うが》つ　この外《ほか》さらに一念《いちねん》の心なし

【現代語訳】　夜坐を続け夜も更けたがまだ眠りにはいたらず、弁道には静寂な山林こそが相応しいことをつくづくと知らされ、ただ、ただ、渓の流れが耳に入り、月の光が眼を射るばかり、仏法として現れている渓声や月光のほかに、わが心を奪うものは何物もないのです。

（『永平広録《えいへいこうろく》』巻十）

道元の山居《さんご》の偈頌《げじゅ》（漢詩）を読むと、山居の実践に徹した道元の詩才に圧倒されます。そうした道元の山居の感慨は、『永平広録』巻十に「山居の偈頌」として収録されている十五首に結実しています。

山居とは、人里離れて世塵も至らない深山幽谷に身心を処し、その静寂な山水のなかに仏に出会い仏道を行じきる修行生活をいいます。

道元は、僧の生活基盤は山居に極まることを、世尊の言として、「山林に睡眠するは、仏、歓喜し、聚楽《じゅらく》に精進《しょうじん》するは、仏、喜ばず」と述べ、中国歴代の祖師方がみな山居したことを重ねて述べています。

また、『正法眼蔵』「山水経《さんすいきょう》」巻にも、その根本の精神を、「而今《にこん》（今、現在）の山水は古仏の道現成《どうげんじょう》なり」、つまり、今、目の前にある山水こそは、古仏の説くところを実現したものであると言い、さらに、山ははるかな昔より大聖・賢人たちが住まいとし、山を身心としたのです、として、「山は超古越今《ちょうこえっこん》より大聖の所居なり。賢人聖人ともに山を堂奥とせり、山を身心とせり、賢人聖人によりて山は現成せるなり。（中略）おおよそ山は国界に属せりといえども、山を愛する人に属するなり。山かならず主を愛するとき、聖賢高徳山に入るなり」と、説示しています。

さらには、『永平広録』巻三の「鎌倉からの帰山の上堂」の句（124〜127頁参照）にも、「山僧出で去る半年余、猶《なお》孤輪《こりん》の太虚《たいきょ》に処するがごとし、今日山に帰れば雲喜ぶ気あり、山を愛するの愛初より甚《はなは》だし」と、見えます。また、山居の偈頌にも、「我、山を愛する時、山、主《ぬし》を愛す」と頌されているように、道元の山居への徹底した感慨は、偈頌十五首ばかりではなく、『正法眼蔵』や『永平広録』のいたるところに見られるのです。

ところで、山居の偈頌の中の、秋に関する偈頌、「蟋蟀《きりぎりす》の思い虫の声何《なん》ぞ切々《せつせつ》、微風朧月《ろうげつ》両《ふた》つながら悠々たり、雲松柏《くもしょうはく》を封《ほう》じて池台《ちたい》旧《ふ》りたり、雨梧桐《あめごとう》に滴《したた》る山寺の秋」や、弟子たちと月を題材にした偈頌、さらに『傘松道詠《さんしょうどうえい》』（181頁参照）に収められた和歌の数々、そして、最晩年に、「また見んと　おもいし時の　秋だにも　今宵の月に　ねられやはする」と詠まれたところなどには、禅僧としての詩人道元の面目が躍っています。

道元は、永平寺という恰好の山居の場を得て、古仏のように、あくなき求道者として山居に徹しています。が、そのあり余る詩文の才を、時には、俗事としてそのすべてを捨て去ろうと格闘しているかのような感慨をいだかせる場合もあるのです。

山居の偈頌には、「既に抛捨《ほうしゃ》し来《きた》る俗の九流」、あるいは、「久しく人間《じんかん》を捨て愛惜《あいじゃく》なし、文章筆硯既に抛《なげす》て来る、花を見鳥を聞くに風情少なし、山に在りながらなお不才を愧《は》ず」とあります。また、永平寺内の衆僧の威儀進退《いいぎしんたい》などについて古仏の垂範を二十七箇条にして示した『衆寮箴規《しゅりょうしんぎ》』にも、「寮中、俗典及び天文地理の書、凡夫外道の経論、詩賦和歌等の経軸を置くべからず」とも述べています。

禅僧は、偈頌をもって、自分の境涯を表現することを習いとはします。しかし、幼少の頃より慣れ親しんだ詩文の世界は、俗事であり、「詮なきもの」であっても、どうにも捨てがたいところであったのではないかとさえ思えます。

ところで、『永平広録』巻十には「偈頌」が百二十五首収録され、また上堂に際しても、その結句はほとんどが偈頌であるので、その総数はざっと数えただけでも四百三十首ほどになり、その多さに驚かされると同時に、道元の作頌能力がいかに長けていたかが証明されうるのです。

㊵ あるがままの姿を愛す

「本来《ほんらい》の面目《めんもく》」

春は花　夏ほととぎす　秋は月　冬雪さえて　冷《すず》しかりけり

（『傘松道詠《さんしょうどうえい》』）

【現代語訳】 春には花が咲き、夏にはほととぎすが鳴き、秋には月が皓々《こうこう》と輝き、冬には雪が降り白々とあたりが冴えわたる、あるがままのあるがままの世界。

この和歌は、道元の和歌を集めた『傘松道詠《さんしょうどうえい》』（一巻）に収められています。

この歌には「宝治元年（一二四七）相州鎌倉にいまして西明寺道崇（北条時頼）禅門の請によりて題詠十首」と詞書きがあり、「本来の面目」と題されています。

一九六八年、ノーベル賞を受賞した川端康成は、その受賞に際して、「美しい日本の私」と題して講演しました。その冒頭で、「春は花　夏ほととぎす　秋は月　冬雪さえて　冷しかりけり」を引いて、「道元禅師の『本来の面目』と題するこの歌と、『雲を出でて我にともなふ冬の月　風や身にしむ雪や冷めたき』の明恵上人《みょうえしょうにん》のこの歌とを、私は揮毫をもとめられた折りに書くことがあります」と述べたのです。

その講演の中で、川端は、「雪、月、花」という四季の移りの折り折りの美を表す言葉は、日本においては山川草木、森羅万象、自然のすべて、そして人間感情をも含めての、美を表す言葉とするのが伝統であるとして、日本美を代表する「雪月花」と、それにまつわる和歌と人物を、日本の禅文化として紹介しています。

また、道元の歌を、江戸後期、日本の近世の俗習を超脱、古代の高雅に通達して、現代でもその書と詩歌がはなはだ貴ばれている良寛との関連について触れ、「この道元の歌も四季の美の歌で、古来の日本人が春、夏、秋、冬に、第一に愛《め》でる自然の景物の代表を、ただ四つ無造作にならべただけの、月並み、常套、平凡、この上ないと思へば思へ、歌になってゐない歌と言へば言へます。しかし別の古人の似た歌の一つ、僧良寛の辞世、『形見とて何か残さん春は花　山ほととぎす秋はもみぢ葉』これも道元の歌と同じやうに、ありきたりの事柄とありふれた言葉を、ためらひもなく、と言ふよりも、ことさらもとめて、連《つら》ねて重ねるうちに、日本の真髄を伝へたのでありますと評したのです。そして、良寛の歌が辞世であることに注目し、その辞世を、「自分は形見に残すものはなにも持たぬし、なにも残せるとは思はぬが、自分の死後も自然はなほ美しい、これがただ自分のこの世に残す形見になってくれるだらう、といふ歌であったのです」と解釈し、「日本古来の心情がこもってゐるとともに、良寛の宗教の心も聞える歌です」としたのです。けだし、道元の歌も良寛の歌も、日本の「雪月花」という美意識そのものを、万法《まんぼう》に証せられた四季の「本来の面目」、つまり、あるがままのすがたをあるがままにとらえているからです。

この講演以後、道元のこの和歌は、日本の美しい自然のあるがままのすがたを作為なくあるがままに詠った和歌として、一躍有名になりました。ちなみに、良寛は、深夜に眼が覚め、道元の『永平広録』を読み、自責の念にかられ、一晩中泣き明かし、本を涙でしとどに濡らし、翌日尋ねた隣人に、なぜそのように濡れているのか、と尋ねられ、雨漏りがしてね、と答えた漢詩を残すほどに、道元を尊崇した真の信奉者でもあったのです。

『傘松道詠』は、江戸時代に、面山瑞方《めんざんずいほう》が、道元の和歌と伝承される六十二首を収集し、延享四年（一七四七）に刊行したものです。ちなみに、道元の育父《いくふ》源通具《みなもとのみちとも》は、藤原定家とともに『新古今和歌集』を編んだ撰者の一人であり、当時名だたる歌人として知られた人です。そのような環境のなかで詩歌に親しんだ道元の詩才は早くから知られ、その収集は応永二十七年（一四二〇）六月、宝慶寺《ほうきょうじ》八世喜舜《きしゅん》が若干首を書写して永平寺第十一世の祖機《そき》に付与したのに始まり、それ以後次第に収集され、道元の伝記である『建撕記《けんぜいき》』の書かれた応仁・文明年代には五十三首にのぼっていたとされます。和歌六十二首、偈頌ほぼ三百二十首に、道元の秀抜な詩才の結実を見ることも可能なのです。

《道元のキーワード⑤》

行持《ぎょうじ》　「行」は修行、「持」は護持、持続の意。仏道を修行し護持し、永久に持続し懈怠しないこと。仏道は行事ではなく行持である。

公案《こうあん》　公府の案牘《あんとく》（公の条文）にたとえられ、禅門では仏祖が示した仏法の真理そのものを意味し、修行僧が分別情識を払拭して参究すべき問題をいう。

拄杖《しゅじょう》　行脚《あんぎゃ》時に用いる杖。また、戒めるときや上堂で仏法を説く時の具として用いる。

払子《ほっす》　柄の先に獣毛などをつけた仏具。導師が手にして威儀を整えるのに用いられるが、仏事法要に際して公案や禅問答にしばしば登場し修行僧を導くのにも用いられる。

証契即通《しょうかいそくつう》　弟子の証《さとり》が師の証に相かない、師資が一体となって仏祖の命脈に通ずることをいう。

禅機《ぜんき》　禅の大機大用《だいきだいゆう》の意。「機」は機用、はたらきのこと。禅者の自在無礙《むげ》の活躍をいう。また、悟りを得るための機縁をもいう。

師資相承《ししそうじょう》　師は資（弟子）に法脈を授け伝え、資（弟子）は師より法を承《う》け連綿と法脈が承けつがれること。

山居《さんご》　人里離れて、世塵の至らない深山幽谷に身心を処し、その静寂な山水のなかに仏に出会い、仏道を行じきる修行生活のこと。

提唱《ていしょう》　宗旨の大要を提起して説法すること。

弁道《べんどう》　仏道に精進すること。

生涯編

略年譜

＊年齢は数え年で表記
＊二つある元号は、右が和暦、左が南宋暦

1200年（正治2）	1歳	正月2日、京に生まれる。父久我《こが》通親《みちちか》、母伊子《いし》。幼名は文殊《もんじゅ》。
1202年（建仁2）	3歳	10月、父通親が54歳で没す。
1207年（承元元）	8歳	12月、母伊子が39歳で没し、世の無常を感じる。
1212年（建暦2）	13歳	春、育父通具《みちとも》の反対を押し切り、比叡山横川の良観《りょうかん》のもとで出家。
1213年（建暦3）	14歳	4月、天台座主公円《こうえん》について剃髪し、得度。仏法房道元《ぶっぽうぼうどうげん》となる。 得度の翌日、戒壇院において菩薩戒を受け、比丘《びく》となる。
1214年（建保2）	15歳	園城寺《おんじょうじ》の公胤《こういん》を訪れ、自らの疑義を質す。 秋、建仁寺の栄西《えいさい》を訪れ、入宋《にっそう》の望みをいだく。
1217年（建保5）	18歳	8月、建仁寺に入り、明全《みょうぜん》に入門する。
1221年（承久3）	22歳	9月、明全より師資の印可を受ける。

1223年（貞応2 嘉定16）	24歳	2月、明全・廓然《かくねん》・亮照《りょうしょう》らとともに、入宋の途につく。 4月上旬、明州《みんしゅう》慶元府《けいげんふ》寧波《ニンポー》に着岸する。 5月、阿育王山《あいくおうざん》の典座《てんぞ》に相見する。 7月、天童山景徳寺《てんどうざんけいとくじ》に掛錫《かしゃく》する。
1224年（貞応3 嘉定17）	25歳	この年の秋以降、諸山へ尋師訪道《じんしほうどう》の旅に出る。
1225年（嘉禄元 宝慶元）	26歳	晩春、天童山に戻り、5月、天童山の住持長翁如浄《ちょうおうにょじょう》との初相見を果たす。 5月、明全が42歳で示寂《じじゃく》。 夏安居《げあんご》末、身心脱落《しんじんだつらく》（大悟《だいご》）する。 9月、如浄から仏祖正伝菩薩戒を授かる。
1227年（嘉禄3 宝慶3）	28歳	如浄から嗣書《ししょ》を相承する。 7月、明州を出航し、翌8月、熊本川尻に漂着する。 道元が明州を出航してまもなく、如浄が65歳で示寂。 9月、建仁寺に入り、明全の遺骨を安置、さらに『普勧坐禅儀《ふかんざぜんぎ》』

		一巻を著す。
1229年（安貞3）	30歳	建仁寺において懐弉《えじょう》と初相見し、入門を約束する。
1230年（寛喜2）	31歳	比叡山の圧迫に遭い、深草の安養院に移る。
1231年（寛喜3）	32歳	8月、「弁道話《べんどうわ》」を撰述。この年から『正法眼蔵《しょうぼうげんぞう》』の示衆《じしゅ》が始まる。
1233年（天福元）	34歳	春、深草に観音導利興聖宝林禅寺《かんのんどうりこうしょうほうりんぜんじ》（興聖寺）を開く。 8月、「現成公案《げんじょうこうあん》」巻を俗弟子に与える。
1234年（天福2）	35歳	3月、『学道用心集《がくどうようじんしゅう》』を著す。
1235年（文暦2）	36歳	8月、懐弉が道元門下となる。
1236年（嘉禎2）	37歳	10月15日、興聖寺にてわが国最初の「上堂《じょうどう》」を行う。
1237年（嘉禎3）	38歳	春、『典座教訓《てんぞきょうくん》』を著す。
1241年（仁治2）	42歳	達磨宗の覚晏《かくあん》門下の懐鑑《えかん》・義介《ぎかい》・義尹《ぎいん》・義演《ぎえん》・義準《ぎじゅん》らが、揃って道元に参ずる。
1243年（寛元元）	44歳	4月、波多野義重《はたのよししげ》の招聘により六波羅蜜寺で説法する。

		7月、比叡山からの難を逃れるため、波多野義重らの勧めにより深草を発ち、越前に向かう。 9月、吉峰古寺《きっぽうこじ》草庵に掛錫《かしゃく》する。
1244年（寛元2）	45歳	7月、越前志比庄《えちぜんしひのしょう》に大仏寺《だいぶつじ》を開堂し、開堂供養説法を行う。
1246年（寛元4）	47歳	6月、大仏寺を永平寺《えいへいじ》と改名し、改名にちなむ上堂をする。
1247年（宝治元）	48歳	8月、義重の懇請により鎌倉へ向かい、北条時頼らに説示する。
1248年（宝治2）	49歳	2月、鎌倉を出発し、永平寺に帰山する。
1249年（建長元）	50歳	9月、尽未来際《じんみらいさい》（永遠に）永平寺を離れないことを誓う。
1252年（建長4）	53歳	10月、最後の上堂をする。
1253年（建長5）	54歳	1月、『正法眼蔵』「八大人覚《はちだいにんがく》」巻を永平寺において示衆《じしゅ》する。 7月、永平寺住職を懐弉に譲る。 8月、義重の勧めにしたがい、療養のために上洛の途につき、京、高辻西洞院覚念《かくねん》の邸へ入る。 8月28日、寅の刻、示寂。

道元の生涯

一　誕生から仏門へ

誕　生

道元は、鎌倉幕府が樹立されてまもなくの正治二年（一二〇〇）正月二日、内大臣久我《こが》通親《みちちか》（五十二歳）を父に、前摂政関白・藤原基房《もとふさ》（松殿《まつどの》）の娘・伊子《いし》（三十二歳）を母として、京都の松殿の別邸で誕生しました。

通親は、村上源氏の流れをくむ公卿であり、源平の政権交代の際に敏腕を振るい、内大臣として京の政権を握り、鎌倉幕府と対立した権謀術数にたけた人です。また母方の藤原家は朝廷政治の頂点を三百年も独占していた関白の家系です。伊子は十六歳にして、当時京に入った木曾義仲に政略的に嫁せられ、義仲の後ろ盾によって、基房の子師家《もろいえ》が内大臣・摂政となります。が、義仲の死によって、今度は時の権力者通親に嫁すという政略的に数奇な運命をたどっています。

この藤原家と久我家は、当時の有数な公卿で、宮廷政治に携わるとともに当時の高度な文人たちでもあったのです。通親は、和歌は六条季経《のりつね》に師事し、『千載集』に、また『新古今和歌集』には六首もの歌が載せられている歌人です。通親の第二子で、道元の異母兄にあたり、後に道元の育父になる源通具《みなもとのみちとも》は、藤原定家と並び称せられた歌人でもあり、『新古今和歌集』五人の撰者の一人で、当時の最高の文人政治家でした。

しかし、そうした公卿家の中にあって、その将来を嘱望された幼き道元の人生は、建仁二年（一二〇二）の父通親の突然の死、さらに承元元年（一二〇七）冬の母伊子の死によって一変します。

父通親の死後は、通親の第二子通具が道元の育父となり、道元の伯父・松殿師家が、儒教の書を通して公卿政治家としての教養を身につけさせます。師家は、三歳で『李《り》嶠雑詠《きょうざつえい》』を読み、七歳で『左伝《さでん》』、『毛詩《もうし》』を読む道元のすがたに、非凡な才能を見抜き、いずれ松殿家の再興をはかろうとしていたのです。

しかし、相次ぐ両親の死、とりわけ母伊子の死によって、道元の心には、仏門への帰投《きとう》という感慨が芽生えます。この「仏門への帰投」の背後には、公卿政治から武家政治へと怒濤のように移りゆく時代の流れのなかで、公卿勢力の興亡にともなう人生の無常、公家政治に携わった通親の権謀術数の虚しさといったことを、摂政の娘の運命として味わい尽くした道元の母の、わが子を汚濁にまみれる政治の世界にはおかないという激しい慈愛の思いがあったのです。

母の死を契機に、道元は九歳にして仏教の入門書である『倶舎論《くしゃろん》』を読み、次第に仏門へ身を投じる決意を固めていったのです。建暦二年(一二一二)春、松殿の山荘を抜け出します。時に道元十三歳のことでした。

仏門へ

松殿の山荘を抜け出した道元は、その夜、師家の弟で、母伊子の弟でもある天台僧の良観法印《りょうかんほういん》を訪ねて出家の志を明かしますが、ここでも出家をとどまるよう説得されます。しかし、結局は道元の強固な決心が逆に良観の心を動かし、ついに道元は良観に連れられ、比叡山の門を叩きます。

当時の日本では、天台教学こそが仏教の主流であり、比叡山で天台仏教の基本をじっくり学ぶのが道元にとって最良のものであったのです。道元は建暦三年（一二一三）四月、天台座《てんだいざ》主《す》公円《こうえん》のもとで剃髪、得度を受け、延暦寺の戒壇で大乗律による菩薩戒を授けられ、十四歳にして天台僧としての第一歩を踏み出します。

道元は、修学してまもなく一つの疑問に突き当たります。伝記『建撕記《けんぜいき》』は、「顕《けん》密《みつ》二《に》教《きょう》ともに談ず、本来本法性《ほんらいほんぽっしょう》天然《てんねん》自《じ》性身《しょうしん》、と。もしかくのごとくならば、三世の諸仏なにによりてかさらに発心して菩提を求むるや」と、極めて単純明解に疑問をいだいたことを伝えています。

生まれながらに完成された人格を持っているならなぜ諸仏は苦しんでまで修行をするのか、もともと悟っているのになぜ悟りを求めて発心修行しなければならないのか、その修行とはいったい何か、という当時の日本仏教に対する極めて基本的な疑問でした。この疑問をどのようにとらえるかということは、当時の天台教学における中心課題でもあったのです。

道元のいだいたこの疑問は、周辺の学僧たちにとっては出家以前の極めて幼稚な質問にしか映らなかったのです。彼らにとっては、人間は最初から悟った存在であるというのが当然の考え方であり、それに疑問を差し挟むなどは論外だったのです。さらに、平安朝仏教の流れは加持祈禱が中心となり、僧侶の多くは、物の怪退治の専門家として収益を上げたり、比叡山は寺領の寄進とその確保のために、多くの僧兵たちをかかえ、諸大寺との闘争を繰り返すというような状況がありました。衆徒も名利を好み、妻帯するなど、もはや学問・修行を積むという本来あるべき寺のすがたがあまりに形骸化していたのです。

この道元の疑問は日に日に大きくなり、道元はついに建保二年（一二一四）、近江三《み》井寺《いでら》（園城寺《おんじょうじ》）座主《ざす》の公胤《こういん》を訪れます。公胤は道元と同じ村上源氏の出身で、当時有名な学僧でした。道元はさっそく、自らいだいていた疑問を投げかけます。それに対し公胤は直接答えることなく、道元に対し、当時大陸（宋）で盛んであった禅宗の存在を教え、道元に入宋《にっそう》を勧めたのです。この公胤との出会いが契機となり、道元は、二度にわたり大陸で直に禅を体得してきた栄西に入門することを決意するのです。

建仁寺へ

道元は公胤の勧めに従って栄西開山の建仁寺の門を叩き、栄西との相見を果たします。このとき道元十五歳、栄西は既に七十四歳でした。

栄西自身も道元同様に十三歳で出家して比叡山で学んだ経験を持っていたためか、道元がいだいている疑問や、さらに禅を学びたいという道元の気持ちもよく理解できたのでしょう。そこで、栄西は、自分の高弟であった建仁寺の明全《みょうぜん》を紹介します。

明全は、道元と同じく比叡山で天台教学を学び、諸方を遊学した後、栄西の弟子となったのです。栄西は臨済宗黄龍派《りんざいしゅうおうりゅうは》の流れをくむ禅僧でしたが、その禅風は純粋禅ではなく、当時の比叡山を意識して顕《けん》・密《みつ》・禅《ぜん》・律《りつ》の諸宗が混在されたものでした。明全も、入宋の希望を強く持っていました。

建仁寺の明全を紹介されたことは、道元がこの上ない入宋の可能性を与えられた、ということを意味しました。なぜなら、道元にとって、この建仁寺こそが入宋の夢を果たすには絶好の修行の地だったからです。つまり、開山栄西自身が二度の入宋経験を積んでいて、さらに建仁寺は源頼家の開創であったため、鎌倉幕府とのつながりを有していて、大陸からの新鮮な情報収集にも有益だったからです。

道元と栄西の相見という、この歴史的瞬間から一年も経たない建保三年（一二一五）、栄西は七十五歳の生涯を閉じます。

建保五年（一二一七）、『大蔵経《だいぞうきょう》』を二度読破したのを機会に正式に比叡山を下りた道元は、建仁寺の明全を訪ねます。

道元は、この明全の下で、顕・密・禅・律の四宗兼学の薫陶を受け、天台の止観はもとより、栄西直伝の臨済禅の宗風も身につけたのです。そして、道元は、承久三年（一二二一）九月、明全から師資相承《ししそうじょう》の印可《いんか》（認可証明）を受けます。道元は、この明全を「先師」と呼び終生尊崇の念をいだき続けるのです。

承久の乱

道元が入宋の志を抱き、時機到来を待ちながら明全について仏教の修学や禅の修行に励んでいるとき、世を震撼させる事件が起こります。

「承久《じょうきゅう》の乱」です。ついに公武が激突したのです。しかし、鎌倉軍の武力の前に、上皇側はわずか一カ月足らずでもろくも敗北します。

建仁寺で修行中の道元にも、激戦のようすや朝廷軍の敗北、それに続く凄惨な処刑の模様などが自ずと聞こえてきました。親族の痛ましい運命を思うと、道元は血の騒ぎを覚えました。が、その血の騒ぎは、瞬時に母の面影に連なり、遺誡のようになって、かえって入宋の決意はより強固になっていったのです。

承久の乱の沈静化によって、それまで遅延していた受戒や出航手続きなど、入宋への準備が具体的に進められ、ついに、院宣《いんぜん》と下知状《げちじょう》が貞応二年（一二二三）二月二十一日に下り、ここに道元と明全らの入宋渡海が正式に決定したのです。

二　中国にて

典座に会う

道元たち一行は、博多港から鎌倉幕府の貿易船に便乗し、南宋暦の嘉定十六年（一二二三）四月、明州《みんしゅう》（現在の寧波《ニンポー》）の港に到着します。ところが、せっかく明州の港に到着した道元でしたが、なかなか上陸の許可が下りません。そこに、ある一人の老僧がやってきます。聞けば、その老僧は名刹・阿育王山《あいくおうざん》の典座《てんぞ》（食事を司る役職）であり、寺で修行僧たちに振る舞う麺汁に使う日本産の椎茸を買いに来たというのです。

大陸の禅に関する事情を知りたかった道元は、老僧を引き留め、ゆっくりしていくように勧めますが、老典座は「修行僧の食事の支度があるため、すぐに帰らなければならない」と言い、椎茸を求めるとすぐに帰ってしまいました。

この老典座との会話は非常に短いものでしたが、この老典座から、「外国の若き坊さんよ。あなたは、いまだ弁道がどういうことか、文字がどういうものかご存じないようだ」と言われたことに大変な衝撃を受けます。それまでの道元にとって、修行といえば、坐禅し、経典や祖録を精読すること以外には考えられなかったからです。しかし、その名もなき老典座は、自分に任された炊事を司る典座という役、それに専念することも修行の根本とは別のものではなく、日常生活の一つ一つが修行そのものである、と言っているようでした。後日、天童山で修行していたとき、船上で会話をしたこの老典座が、「私は修行を終わって帰る」と言って訪ねてくれます。その時に、道元が「この前おっしゃっていた弁道とは何ですか、文字とは何ですか」と再度尋ねると、老典座は「偏界《へんがい》かつて蔵《かく》さず」と答えます。

　この言葉は、仏法の真実はありのままにあらゆるところに現れているということです。文字には限界があります。文字に執着をして知識ばかりを追い求め、文字で培われた知識だけですべてを解決しようとしているところの誤りを突かれたのです。「そんなことでは、仏の本当の姿は見えてきませんよ」ということをこの典座は教えてくれたのです。

　また、後日、道元は、弁道の実際を目の当たりにすることになります。天童山で修行中の道元は、炎天下で笠もかぶらず懸命に茸を乾している、もう一人の老典座に出会います。道元が見かねて、「どうして若い修行者にさせないのですか」と聞くと、老典座は「他人は自分ではないではないか」と言います。「では、こんなに暑いときではなく、別の時にしたらいかがですか」と言うと、老典座に「今やらなければ、いつやれる時があるのかな」と答えられ、道元は言葉に窮して立ち去らざるをえなかったのです。折角の自分の修行なのに他人にさせてどうするのだ、今、目の前にある修行の場を放り出していつするのだ、今だからこそやらねばならぬのだ、ということです。名もなき老典座すらが、仏道修行とは何かをはっきりと自覚し、行持《ぎょうじ》している姿に、道元は禅修行のありようの一端を実際に学んだのです。

道元は、後にこの老典座との出会いを感謝をこめて、「いささか文字を知り、弁道を了《りょう》ずるは、すなわち彼の典座の大恩なり」と『典座教訓《てんぞきょうくん》』の中で讃仰しています。

天童山にて

入宋当時から正師《しょうし》を求めることを第一としていた道元は、一二二三年七月、まず最初に、明州の天童山景徳寺にて臨済宗《りんざいしゅう》楊岐《ようぎ》派《は》の流れをくむ無際了《むさいりょう》派《は》のもとで修行することになります。

天童山は、南宋の禅宗の五山のうち第三位に位置し、僧数は千名を超え、山を背にした斜面に立地する条件をみごとに生かした大伽藍群を有し、境内は階段状に展開していました。伽藍群は山門《さんもん》・仏殿《ぶつでん》・法堂《はっとう》・方丈《ほうじょう》を中軸にして、山門と仏殿を横軸とし、その線上に僧堂《そうどう》と庫院《くいん》を置き、その後方に後架《ごか》や衆寮《しゅりょう》が配置されたみごとな伽藍構成でした。単に自然の地形に順応しているだけではなく、建物は中軸を中心に左右対象に配置され、周囲の自然環境にとけあう風情であったのです。

そうした禅林の中で、道元は、経典でしか学んだことのない事実が実際に行《ぎょう》じられているることに感嘆し、それを身につけていきます。

そうしたなかでも重要なことは、「嗣書《ししょ》」を拝覧したことです。嗣書は禅宗で一番大事なものです。師匠から弟子に伝わった悟りの証明です。道元は、嗣書があることは経典の知識によって知っていたのですが、現実に存在することを知るのです。今まで聞いたことしかなかった嗣書を見たときには、その存在に感動し感涙します。

道元は、嗣書を拝覧することで、嗣書のなかに古今を通じて一貫して流れている仏祖の命脈を自分自身が仏祖となって相承《そうじょう》し、それを弟子に嗣続《しぞく》（継承）することが悟道の姿であり使命である、と確信するようになります。そのような時、天童山の住職無際了派は、道元の真面目な求道の姿に感動し自分の法を嗣がせてもよいとまで言い出すのですが、道元はそれを辞退します。

正師に会う

道元は、無際了派が示寂すると、天童山を下り、尋師訪道《じんしほうどう》・求道《ぐどう》の旅に出ます。その時、おそらく明全も行動をともにしたかったのでしょうが、明全は体調を崩していたので道元一人で出かけることになりました。道元を強烈に尋師訪道の行動に駆り立てたのは、嗣書を見ることによって、仏の悟りは同じ仏の境地を体得した人によって連綿と受けつがれてきた事実に到達し、釈尊の真実の仏法を確実に継承している正師に出会えるという確信ができたからです。しかし、諸方諸師への尋師訪道の実際の旅は、道元に失望感を与えるのみでした。道元は、入宋してから二年が経過しても、嗣書を閲覧できた喜びとは裏腹に、いまだに真の善知識に相見できないことに大いな挫折感を味わいつつ、もはや日本に帰国すべきかと考えはじめました。

道元がこうして意気消沈して天童山に戻る途中、ある老僧から如浄《にょじょう》という禅僧の名を教えられます。その老僧は如浄を「明眼の宗匠」という言葉で称賛したのです。

道元の心は高鳴りを覚えました。

南宋暦の宝慶元年（一二二五）五月一日、天童山景徳寺にも、夏の風が吹き渡り、緑の陰が濃くなり始めた頃、道元が、焼香礼拝して方丈に入ると、黒衣《こくえ》に木蘭色《もくらんじき》の袈裟をつけた老僧が端正に曲椂《きょくろく》（僧が掛ける椅子）に掛けていました。長翁如浄《ちょうおうにょじょう》と呼ばれる方です。

方丈は深閑としていました。道元は、瞬時に正伝の仏法を受けつぐ正しい師を見いだし、如浄も同じく道元の非凡な器量を見抜き、「仏仏祖祖《ぶつぶつそそ》の面授《めんじゅ》の法が成ったな」と真に穏やかな声で言いました。

面授とは、師と弟子とが直接相見《あいまみ》え、仏祖正伝の仏法が伝えられることをいいます。道元を目の当たりにした如浄は、道元の力量を察し、「希代、不思議の奇縁……」と大いに満足しました。

如浄と道元は、ともに仏法に生かされている自分たちの存在を確認したのです。釈尊以来の正伝の仏法が、インド二十八代、さらに達磨大師によって中国にもたらされ、面壁九年の後、中国二十三代を経て如浄に、一器《いっき》の水が一器にうつされるように、一滴も余すことなく伝えられていたのです。

この如浄との巡り合いこそが、道元の覚悟を決定的なものとしました。まさに道元の入宋の目的が達成されようとしていました。しかし、道元が暁天の坐禅時に「身心《しんじん》脱落《だつらく》」の大悟《だいご》をするまでには、さらに如浄のもとでの濃密な時間の経過を必要としたのです。

如浄の禅風と明全の死

如浄は、当時にあっては数少ない古風な禅風を残していた中国曹洞宗の法を嗣いだ禅僧でした。如浄は簡素を好み、参禅求道に徹し、名利を求めず、ひたすら仏祖の児《じ》孫《そん》としての道を歩んでいたのです。

当時、六十三歳の如浄は、自ら率先して夜は午後十一時頃まで坐禅を続け、朝はまだ暗い午前二時半頃にはすでに坐禅していました。道元は、自分のすべてを投げ捨ててこの人に随身していきます。老いたりといえども、如浄の弁道は尋常一様のものではありません。誰も、如浄が横になって寝たところを見たことがなかったのです。その如浄は、修行者たちを前にして、

「私は十九歳のときから、一日一夜も坐禅しない日はなかった。また、私は住持となる前から、故郷の人と話をしたことがない。参禅のための時間が惜しいからである。修行中は、自分の足を留めた僧堂から出たこともなく、老僧や役僧たちの居所へも全く行ったことがない。ましてや物見遊山をしたりして修行の時を無駄にしたこともない。禅堂や、あるいは坐禅のできる静かな高い建物の上や物陰などを求めて、一

人で静かに坐禅した。いつも坐蒲《ざふ》を持ち歩き、時には岩の上でさえ坐禅をした。そして、いつも思っていた。釈尊の極められた金剛坐《こんごうざ》を坐り抜くのだ」と言い、このような厳しい坐禅を修行僧たちに課したのです。

坐禅中に居眠りでもするような者がいれば、如浄は自分の拳骨や履いていた木靴ですさまじい勢いでなぐりつけ、蠟燭を煌々とつけて眠気を覚まさせました。

しかし、ある時、如浄は、「私は年老いた。そろそろ草庵を結んで老後の生活に入ってもよいのだが、この寺の住職という責任ある地位にある以上、修行者諸君の迷いを覚まさねばならない。諸君の仏道修行を助けるために、私は叱りつけたり、怒鳴ったり、拳をふるったり、竹篦《しっぺい》で君たちを打ちのめすことも敢えてする。だが、こうしたことをするのは仏の子である修行者諸君に対してまことに恐れ多い。このようなことはしたくはない。しかし、これは私が仏に成り代わってすることである。それゆえに、修行者諸君、どうか慈悲をもって、これを許したまえ」と言ったのです。その後、この僧堂の修行者たちは、如浄の慈悲あふれる誠実さに感動し、如浄に打たれることを喜びとしたのです。

道元はそういう師のもとで本当の修行のすごさ、人間のすごさを肌で感じ、「たとえ厳しい修行で病気になって死ぬことがあろうともこの師のもとでひたすら坐禅に励もう」と決意するのです。

ところが、道元が如浄と初めて相見してまもなく、南宋暦の宝慶元年（一二二五）五月二十七日、先師明全が四十二歳で寂します。明全は入宋以来、天童山において三年間、厳しい修行を続け、その名がようやく高くなっていた矢先のことでした。

明全は自らの最期を自覚してか、示寂する三日前の五月二十四日に『栄西僧正記文』という書を道元に与えます。これは栄西が「未来記」として、五十年後に禅宗が盛んになることを予言した書で、建保二年（一二一四）正月二日に、栄西が明全に与えたものでした。それを、死を前にして道元に授与したのです。

明全が亡くなると、入宋して仏道を極めるという責任の重さが急激に道元にのしかかってきました。道元は、如浄のもとで参禅に励めば励むほど、様々な思いや疑問が去来し、それらの一つ一つを解決するためにはどうしても正師如浄に直に教示してもらうほかなく、その思いが日増しに強くなり、遂に書状をもって破格の指導を願い出ます。それに対する如浄の返答は、「道元よ、君は今から後、昼夜を問わずいつ訪ねてきてもよい。袈裟を着けようが着けまいが、方丈に来て仏道について質問してよい。私は父が子を許すようにして君を迎えよう」という慈慮あふれるものでした。

それからというもの、道元は寸暇を惜しんで如浄の方丈を訪れ、疑問とするところを尋ねることになります。それは、ひたすら坐禅することによって釈尊の悟りに入るとはどういうことか、あるいは「教外別伝《きょうげべつでん》」とは何かということから、日常の過ごし方、坐禅の仕方にいたる、事細かなことにまで及びます。

道元は、後にそのやりとりを『宝慶記《ほうきょうき》』としてまとめています。これは、道元の唯一の入宋時代の参学記録ですが、純然たる求道の記録なので、実に約四十項目に及ぶ極めて実際的な修行に関する問題に限られています。道元は、明全の死の悲しみのなかで、如浄に従って、まさに寝る間も惜しんで弁道に励んだのです。

身心脱落

道元が、最も感銘を受けた言葉のひとつが「身心脱落《しんじんだつらく》」です。この「身心脱落」の語は、如浄が僧たちを教示するために用いた語であり、帰国した道元が『正法眼蔵《しょうぼうげんぞう》』

や『永平広録《えいへいこうろく》』において再三用いるなど、道元が自己の禅風を挙揚するうえでその根幹となる大悟《だいご》の語でもあるのです。

如浄は道元に対し、この「身心脱落」に関連し、坐禅の意義について、「坐禅をするということは、身心脱落なのだ。つまり、坐禅は、自分の身体と心をすべての束縛から解き放った状態を示しているのである。それゆえに、ことさらに焼香《しょうこう》、礼拝《らいはい》、念仏《ねんぶつ》、修懺《しゅさん》、看経《かんきん》など形式的な行持にとらわれず、ただ坐禅するのみなのである」と教示し、徹底した身心脱落を勧めたのです。

焼香礼拝などはすべて只管打坐《しかんたざ》に集約されるからなのです。

そして、ある日の明け方の坐禅の時のことです。道元の隣で坐禅の最中に居眠りした僧に向かい、如浄は、「坐禅は、一切の執着を捨ててしなければならないのに、居眠りするとは何事か!」と、僧堂中に響き渡る声で大喝しました。

坐禅に没頭していた道元は、如浄のこの一喝で豁然と大悟したのです。

如浄の一喝は道元の身体を突き抜けました。

道元は、自分が諸仏となって夢幻の境地を飛翔するのを感じたのです。

夜明けを待って、道元は如浄の方丈を訪れ、恭しく焼香礼拝して、「身心脱落いたしました」と、自分をとらえていたあらゆる我執、束縛、煩悩などから抜け出て、とらわれのない世界に至った心境を報告したのです。

これを聞いた如浄はうなずきながら「身心脱落、脱落身心」と述べ、「坐禅の究極では、われわれの身と心は身と心を離れ脱落する以外にはない」と言い、道元の境地を認め、さらに身心が脱落したことすら忘れてしまえと教示し、道元の大悟を認証したのです。一二二五年七月、夏安居《げあんご》も終わりに近い日、道元二十六歳のことでした。

十四歳にして仏教が内包する矛盾に目覚め、比叡山を離れて新たな求法《ぐほう》の道を歩み始めた道元が、入宋して如浄との邂逅を得て到達した「身心脱落」の境地、出家以来の求道の目的がようやくここに一応の完結をみるのです。道元は、後にそれを「一大事の因縁、ここに了畢《りょうひつ》す」と表現します。

道元がいだいてきた疑問は、身心脱落という言葉で表現される大悟を経たのち、「修証一等《しゅしょういっとう》」へと展開します。修証一等、つまり「修行と悟りは一つのものである」という明確な体認こそ、疑問を解く大きな鍵であったのです。

仏典が説くように、確かに人間には生まれながらにして豊かな仏性がそなわっています。しかし、その仏性は修行しないことには現成《げんじょう》（実現）しないのです。さらに、たとえ仏性が現成したとしても、それを実証しなければ、確かにその通りであるということが体認されません。その悟っていることを自覚する体認の相《すがた》こそが坐禅であったのです。「只管打坐」とは、そうしたことの実証そのものなのです。

修行によって悟った者でも、その後も修行に励むべきなのです。なぜなら修行と悟りとは仏祖の大道であり、それは円い輪のようにつながっていて果てしなく巡り巡るものだからです。それゆえに、悟ったら終わりではないのです。悟りが無限である以上、修行もまた無限であり、修行と悟りとの連関は果てしなく繰り返されるのです。その後も如浄のもとで修行に励んだ道元は、一二二七年、嗣書を相承します。ここに、道元は釈尊からかぞえて五十二代の祖師となったのです。

そして、四年半の在宋生活を終えるべく、道元は帰国を決意します。

帰国する道元に如浄は、「国に帰って化《け》を布《し》き、広く人天《にんでん》を利せよ。ただしその際、城邑聚楽《じょうゆうじゅらく》に住することなかれ。国王大臣に近づくことなかれ。ただ深山幽谷に居りて一箇半箇《いっこはんこ》（極めて少ない人）を接得《せっとく》し、吾が宗をして断絶せしむることなかれ」と、垂示します。如浄は、この短い訓戒の中に自分の思いをすべて込め、愛弟子におくる最後の言葉としたのです。別離のない邂逅はなく、邂逅の先には必ず別離があります。如浄は正伝の仏法のすべてを道元に伝えた安堵感からか、道元が如浄のもとを辞してまもなく示寂します。

道元は、嘉禄三年（一二二七）秋、二十八歳にして帰国します。

三　帰　国

『普勧坐禅儀』の撰述

帰国後、直ちに京都に戻った道元は、再び建仁寺に掛錫《かしゃく》し、明全の遺骨を建仁寺に納めます。

建仁寺に掛錫してまもなく、道元は『普勧坐禅儀《ふかんざぜんぎ》』一巻を著します。そこに示された、「只管打坐《しかんたざ》の坐禅は習禅ではない、つまり坐禅は悟りに至る手段ではなく安楽の法門である」との宣言は、当時、坐禅を悟りへの手段と認識していた仏教者たちには衝撃的な坐禅観でした。

道元の勧める禅は、栄西が生前広めていたような天台教学や平安仏教との妥協をはかる「調整型の禅」ではなく、あくまで只管打坐をつらぬく禅でした。道元は、比叡山における伝統的な修行法を否定し、入宋したことで得た正師如浄の正伝の仏法をさらに洗練させることによって、道元独自の禅風を推し進めていったのです。しかしながら、道元の「入宋伝法沙門《にっそうでんぽうしゃもん》」の誇りと矜持にあふれた言動は、古参の僧たちの目には一種の脅威として映り、それがやがて反発へと変わっていきました。

『普勧坐禅儀』を著すことによって、道元の立場は明らかになりましたが、比叡山側から見ればそれは強烈な造反であり、挑戦と受けとられたのです。比叡山の僧たちには仏教はわがものという意識があり、自分たち以外の仏教は一切認めようとはせず、やがて道元に対しても、専修念仏を排斥したときと同じような警戒の目を向け始めたのです。このようなときに、良き理解者であり庇護者であった祖父松殿基房《まつどのもとふさ》が死去（寛喜二年、一二三〇）し、翌年春、道元は京都洛南の深草《ふかくさ》の地に移住するのです。

興聖寺開創

深草に移った道元は、まず極楽寺の子院であったといわれる安養院に閑居します。

この時期の道元は、正伝の仏法を広めたいという心持ちをしばらく抑えて、正法の説く「激揚《げきよう》のとき」を待つために、しばらく、たゆたう雲のように、浮き草のように過ごす「雲遊萍寄《うんゆうひょうき》の心境」であったのです。

新たな居をかまえた道元は、寛喜三年（一二三一）八月に『正法眼蔵』の第一巻にあたる「弁道話《べんどうわ》」を著します。「弁道話」は、只管打坐《しかんたざ》の趣旨を徹底するために、坐禅をする人たちが抱く疑問を、十八箇の「問い」に設定し、それに「答える」という形で構成されています。この「弁道話」は、『正法眼蔵』各巻の総序ともいえるものであり、道元は、この「弁道話」において只管打坐の正当性を主張して、正伝の仏法に参入するとは端坐参禅することである、と説いているのです。こうした道元の禅風は徐々に多くの僧俗の共感を呼び、ついに道元は深草に禅寺建立を決意します。

こうして天福元年（一二三三）春、深草の地に観音導利興聖宝林禅寺《かんのんどうりこうしょうほうりんぜんじ》（通称「興聖《こうしょう》寺《じ》」）が、わが国最初の中国様式の僧堂を持つ禅寺として開創されるのです。興聖寺開創には、鎌倉三代将軍源実朝の正室であった正覚禅尼、太政大臣藤原良経《よしつね》の次男で、後に出家した弘誓院九条教家《のりいえ》といった外護者《げごしゃ》が関わっています。

その年の夏、道元は『正法眼蔵』「摩訶般若波羅蜜《まかはんにゃはらみつ》」巻を示衆《じしゅ》（説示）し、さらに八月には「現成公案《げんじょうこうあん》」巻を俗弟子に与えています。この「現成公案」巻こそは、後に九十五巻に集約される『正法眼蔵』各巻の総論ともいえるもので、以後の各巻の示衆はこれに基づいての所論ともいえるのです。

そして、翌天福二年、道元は、正伝を学ぶための心得を、『永平初祖学道用心集《えいへいしょそがくどうようじんしゅう》』（『学道用心集』）一巻に撰述します。

この興聖寺時代の道元のもとに、日本達磨宗《にほんだるましゅう》の覚晏《かくあん》の法嗣《はっす》孤雲懐奘《こうんえじょう》が入参してきます。懐奘は、道元の禅風に大いに共感し、興聖寺において道元に学び、正式に門人となったのです。懐奘は、嘉禎元年（一二三五）、道元から菩薩戒を受け、興聖寺において初めての首座《しゅそ》を務めます。それ以後、懐奘は道元が示寂するまでのほぼ二十年間、徹底して道元に随侍し、一日たりとも離れることはありませんでした。

その後も達磨宗下にあった越前波著寺《なみつきでら》の懐鑑《えかん》、その門人の義介《ぎかい》や義演《ぎえん》らが次々に道元のもとに参じ、道元の禅風が次第に隆盛していきました。このように、達磨宗門人を受け入れ、また臨済僧の心地覚心《しんちかくしん》に菩薩戒を授けたなどの事実は、道元は元来、狭小な「宗派」意識を超越していることを示しています。

そして、嘉禎二年（一二三六）十月十五日、わが国最初の「上堂《じょうどう》」（正式な説法）が興聖寺でなされました。それは道元が宋より帰国して九年目、道元三十七歳のときのことでした。

その上堂は、

依草《えそう》の家風《かふう》、附木《ふぼく》の心《しん》、道場の最好《さいこう》は叢林《そうりん》なるべし。床一撃《しょういちげき》、鼓三下《くさんげ》。
伝説《でんせつ》す、如来微妙《にょらいみみょう》の音《おん》。

として、理想的な叢林のありようを示しています。

また、「眼横鼻直《がんのうびちょく》」、「空手還郷《くうしゅげんきょう》」と示した上堂では、あるがままに現成している仏法をあるがままに体認する仏法の伝持者としての自負をも開陳したのです。

このような上堂は、道元が示寂する前年の建長四年（一二五二）まで続けられるものの、興聖寺時代の七年間の上堂回数はわずか百二十六回にすぎません。それは、開創された当初、興聖寺はいまだ伽藍として未整備で、道元が理想とする上堂の展開は、越前での大仏寺（後の永平寺）の完成まで待たねばならなかったからなのです。

四　越前へ

永平寺

この頃から、入宋僧円爾《えんに》（一二〇二―一二八〇）が京都で活動を開始します。円爾の宗風は天台・真言・禅の三宗を併存させたもので、やがて円爾によって東福寺が開創されると、円爾の教団は朝廷や貴族から絶大なる庇護を受けるようになります。

しかも、比叡山の僧兵たちが興聖寺の一部を破壊するなどの情勢に至り、道元はついに深草の興聖寺を離れ、越前に向かう決意をします。時に寛元元年（一二四三）、道元四十四歳のことでした。

道元入越の基本的背景には、「国王・大臣に近づくな」という、如浄の教えを堅実に守るという目的がありました。さらには、当時北陸を中心としていた、白山天台の寺院が廃れ始め、さらに波著寺《なみつきでら》を中心にしていた懐鑑以下、旧達磨宗の門人たちがこぞって道元に帰依し、入越を積極的に働きかけたことも、大きな要因です。またさらには、越前に所領を有していた道元最大の外護者《げごしゃ》・波多野義重《はたのよししげ》の勧誘もあったのです。このような複数の理由が相まって道元の入越が実現したのです。

そして、入越まもない寛元元年七月、道元はまだ住み慣れない禅師峰《やましぶ》にあって、さっそく『正法眼蔵』「三界唯心《さんがいゆいしん》」巻を高らかに示衆《じしゅ》（説示）します。『正法眼蔵』の示衆は道元が翌年一月、吉峰寺《きっぽうじ》に移ってからも精力的に続けられました。この越前寓居時代の道元による『正法眼蔵』の示衆は、わずか二年未満で実に三十余巻を数えるのです。

一方で、新しい寺院建立の計画が地道に進められます。この寺院建立計画は、大檀那である義重はもちろん、左金吾禅門覚念という外護者らが積極的に活動していました。彼らは、すでに庄内の山林で寺院に最もふさわしい地を定めていました。

道元が、約三十余巻もの『正法眼蔵』の各巻を示衆し、『正法眼蔵』のほとんどを完成させたのは、新しい寺院が完成したならば、そこから本師如浄《にょじょう》直伝の上堂（説法）

を通して、正伝の仏法を今まで以上に正式に徹底していこう、と考えていたからでした。だからこそ、新しい寺院落成までに弟子たちに仏法の何たるかを教示するため、すさまじいまでの信念で書き、示衆したのです。

そして、寛元元年九月一日、法堂がすべて竣工し、その法会の来衆は千人を超えたといいます。翌寛元二年十一月三日には僧堂の上棟式が挙行されました。

そして吉峰寺より移った道元は、開堂供養式を行い、この寺を「吉祥山大仏寺《きちじょうざんだいぶつじ》」と命名しました。

そして、道元は「鉢盂《はつう》」巻など『正法眼蔵』を数巻著す一方、禅林とその規矩が整い、この大仏寺において、本格的な夏安居《げあんご》が行われるとともに、精力的な行持《ぎょうじ》（修行）が展開されていくことになるのです。大仏寺には、道元に仏法を求めて参学せんとする多くの学僧たちが参集しました。彼らを前に、道元は、五日ごとの上堂において、仏法の真実を示衆していくのです。

寛元四年（一二四六）六月十五日、道元は大仏寺を「永平寺《えいへいじ》」と改めます。

道元は、大仏寺を永平寺と改める上堂において、次のように宣言します。

天に道有《あ》りもって高く清し、地に道有《あ》りもって厚く寧《やす》らかに、
人に道有《あ》りもって安穏《あんのん》なり。

道元はこの上堂において、釈尊が「天上天下《てんじょうてんげ》、唯我独尊《ゆいがどくそん》」と述べたのにちなみ、「天上天下《てんじょうてんげ》、当処永平《とうじょえいへい》」と示衆したのです。それは、日本での仏祖正伝の仏法の開創の地、永平寺こそは、その法灯を絶やさず永遠に不変に平穏であることを、さらに、その仏法が天上天下ありとあらゆるところに広く行き渡り、その処その処が仏法の加護により長《とこ》しなえに平安であらんことを祈念してのものであったのです。

鎌倉へ

宝治元年（一二四七）八月、道元は、在俗信徒の行化《ぎょうけ》を理由に鎌倉へ向かいます。

この鎌倉行化は、第一義的には波多野義重への恩義のため、そして第二義的には鎌倉幕府への恩義のための断行であったのです。つまり、当時鎌倉に住んでいた義重は、鎌倉における三浦一族の殲滅に伴う政治の不安定を憂い、道元を鎌倉に招いて弘法救生を招請したのです。

元来道元の入越に際し、義重の経済的援助があったことは言うまでもなく、さらに

大仏寺の土地の寄進や法堂建立など、義重なくして道元の自由闊達な布教活動は維持されませんでした。道元はこのような大恩ある義重の懇請を受け入れたのです。

さらに、道元が入宋を果たすことができたのは、現実的には、鎌倉幕府の貿易船に便乗することができたからでした。そのため、道元自身少なからず幕府に対し恩義を有していたのでしょう。ですから、道元は、時の執権、北条時頼《ほうじょうときより》なる権力者に自分から近づいて鎌倉に赴いたのではないのです。道元の鎌倉行化は、義重からの招請、そして鎌倉幕府への恩義という、やむにやまれぬものだったのです。

道元は、その下向《げこう》に対する痛烈な批判があることを十分承知していたからこそ、鎌倉からの帰山の翌日、宝治二年（一二四八）三月十四日の上堂で、鎌倉ではいかなる権勢、また誰に対しても一切おもねて説法したわけではなく、修行僧たちに常に説いてきた仏教の基本的理念である因果の道理のみを説いたことを判然と示したのです。つまり、道元が鎌倉で説いてきたのは、善行をなすものは一切の迷いを離れて悟りを開き、悪行をなすものは苦しみの世界に落ちるという、仏法の因果の道理のみでした。

道元は、鎌倉にあった当時、その澄み切った心境を、

春は花　夏ほととぎす　秋は月　冬雪さえて　冷《すず》しかりけり

と詠じています。そこには、道元の生涯を透徹する清涼感が漂うばかりで、鎌倉での説法の失意や未練や悲嘆、ましてやそれにともなう俗的な名聞利養《みょうもんりよう》（名誉や財産を得ること）の陰などは微塵もないのです。道元は、帰山後、鎌倉での半年余を取り返すがごとくに、前にもまして峻厳な「山居《さんご》」の生活に徹底していくのです。

入寂

道元は、宝治二年（一二四八）十二月に『永平寺庫院制規五箇条《えいへいじくいんせいきごかじょう》』を、翌年一月には『吉祥山永平寺衆寮箴規《きちじょうざんえいへいじしゅりょうしんぎ》』を続けて制定するなど、僧団の規律の整備にも尽力します。そして、峻厳で綿密な山居の生活の中で、雲水たちとともに一瞬たりとも懈怠しない正伝の仏法の行持を堅持し続けます。

しかし、建長四年（一二五二）の夏安居《げあんご》の最中、ともに入宋した先師明全《みょうぜん》の二十八回忌の上堂をしたころから、身体の変調を感じた道元は、その年の暮れから翌年にかけて釈尊最後の垂誡《すいかい》である『仏垂般涅槃略説教誡経《ぶっしはつねはんりゃくせっきょうかいぎょう》』（『遺教経《ゆいきょうぎょう》』）に基づき、『正法眼蔵』「八大人覚《はちだいにんがく》」巻を示衆します。これが、道元の『正法眼蔵』の最後の撰述であり示衆となったのです。

その後、病に伏せるようになった道元は、翌建長五年七月十四日、永平寺の住持職を懐弉《えじょう》に譲り、上洛して療養すべきとの義重《よししげ》らの進言により、ついに同年八月、永平寺を後にします。

懐弉らを随伴して永平寺を離れ上洛した道元は、かつて義重とともに大仏寺建立に関わった覚念《かくねん》の邸宅に寄寓します。

京にあって、道元の病状は一進一退を繰り返します。医師は良薬といわれるものをいろいろ試しますが、目に見えた効果は現れませんでした。そして、中秋の季節を迎えました。中秋のその夜は一片の雲もなく、月が皓々と冴えていました。道元は、
また見んと　おもいし時の　秋だにも　今宵の月に　ねられやはする
と、詠じたのです。

しかし、ついに周囲の看病むなしく、建長五年（一二五三）八月二十八日夜半、道元は、次のように遺偈《ゆいげ》を書し入寂するのです。

五十四年　照第一天　（五十四年、第一天を照らす）

打箇跨跳　觸破大千　（箇《こ》の跨跳《ぼっちょう》を打《た》し、大千《だいせん》を触破《しょくは》す）

咦《いい》　（言葉では表現できない嗟嘆《さたん》の語）

渾身無覓　活落黄泉　（渾身覓《こんしんもと》むるなし、活きながら黄泉《こうせん》に陥《お》つ）

この偈《げ》は、正師如浄の「六十六年、罪犯弥天《ざいはんみてん》、箇の跨跳を打して、活きながら黄泉に陥つ。咦。従来、生死も相かんせず」という遺偈を踏襲しています。

如浄は、死の瞬間まで道元の中で生き続けました。道元の五十四年の生涯は、正伝の仏法とともにあったのです。世俗的な欲望や政治権力との一切の妥協を排し、正伝の仏法に徹した道元の姿勢は、生涯一瞬たりとも乱れることはなかったのです。

懐弉たちは、悲しみの中で荼毘に付すと、九月六日に京を発ち、五日後の九月十日に永平寺に到着しました。翌々日の九月十二日、入涅槃《にゅうねはん》の儀式をしめやかに執り行い、遺骨は、永平寺の西隅に安置され、そこは「承陽殿《じょうようでん》」と名づけられました。

永平寺の峰の色も、山の端にほのめく月影も、渓の響きも、伝法沙門道元《でんぽうしゃもんどうげん》の無言の渾身の行持をありのままに伝えています。そしてその法灯は、現代に至るまで綿々として絶えることなく灯され続けているのです。

参考文献

曹洞宗全書刊行会編『曹洞宗全書』（一三巻）曹洞宗全書刊行会、一九七〇年
酒井・鏡島・桜井編『道元禅師全集』（七巻）春秋社、一九九一年
衛藤即応校註『正法眼蔵』（上巻・中巻・下巻）名著普及会、一九四三年
本山版『正法眼蔵』鴻盟社、一九五二年
岸沢惟安著『正法眼蔵全講』（二四巻）大法輪閣、一九七四年
竹内道雄著『道元』吉川弘文館、一九六二年
拙著『祖山本　永平広録　考注集成』（上巻・下巻）一穂社、一九八九年
拙著『卍山本　永平広録　祖山本対校』一穂社、一九九一年
拙著『道元禅師おりおりの法話　永平広録に学ぶ』曹洞宗宗務庁、一九九九年
拙著『永平の風　道元の生涯』文芸社、二〇〇一年
拙著『道元「永平広録・上堂」選』講談社学術文庫、二〇〇五年
拙著『道元「小参・法語・普勧坐禅儀」』講談社学術文庫、二〇〇六年
拙著『道元「永平広録・頌古」』講談社学術文庫、二〇〇七年
拙著『道元「永平広録　真賛・自賛・偈頌」』講談社学術文庫、二〇一四年

大谷哲夫（おおたに・てつお）
1939年、東京生まれ。早稲田大学第一文学部卒業、同大学院文研東洋哲学専攻修了。駒澤大学大学院文研・仏教学専攻博士課程満期後、曹洞宗宗学研究所所員・幹事・講師を経て、駒澤大学に奉職。同大学教授・副学長・学長・総長、都留文科大学理事長を歴任。現在、北京大学客員教授、曹洞宗総合研究センター所長、東北福祉大学学長。
主な著書に、『訓註　永平広録』（上下２巻・大蔵出版）、『永平の風　道元の生涯』（文芸社）、『道元「永平広録・上堂」選』・『道元「小参・法語・普勧坐禅儀」』・『道元「永平広録・頌古」』『道元「永平広録　真賛・自賛・偈頌」』（講談社学術文庫）などがある。

日本人のこころの言葉
道　元

2010年３月10日　第１版第１刷発行
2016年３月10日　第１版第４刷発行

著　者　大　谷　哲　夫
発行者　矢　部　敬　一
発行所　株式会社　創　元　社
〒541－0047　大阪市中央区淡路町4－3－6
TEL　06－6231－9010（代）
FAX　06－6233－3111
URL　http://www.sogensha.co.jp
東京支店　〒162－0825　東京都新宿区神楽坂4―3　煉瓦塔ビル
TEL　03－3269－1051
印刷所　藤原印刷株式会社

乱丁・落丁の場合はおとりかえいたします。　検印廃止

ISBN978-4-422-80054-7　C0381